내가 그리스도와 함께

At the Foot of the Cross

by Octavius Winslow

내가 그리스도와 함께

옥타비우스 윈슬로우 지음
이태복 옮김

지평서원

: 차례

옮긴이 머리말 _6

1장 믿음의 눈으로 십자가를 보라 _13
1. 놋뱀 사건과 복음의 진리
2. '광야'에서 '바라보다'
3. 오직 은혜로 주어지는 구원

2장 십자가 지고 _39
1. 십자가를 지고 골고다로 걸어가신 예수님
2. 십자가를 짊어지는 그리스도인

3장 십자가의 외로움 _59
1. 구원 사역을 이루기 위한 예수님의 외로움
2. 그리스도인의 외로움

4장 십자가에 못 박힌 신자 _81
1. 그리스도인의 자랑 영광스런 십자가
2. 우리 주님 예수 그리스도의 십자가
3. 그리스도의 십자가의 능력

5장 십자가의 안식_105

1. 피곤한 이 세상의 삶
2. 신자들이 느끼는 피곤함
3. 주님의 품에서 발견하는 안식
4. 안식을 주시는 예수님의 초대

6장 그리스도의 십자가, 그리스도인의 무기_133

1. 성도들의 무기인 그리스도의 십자가
2. 신자들의 영적 방해 세력

7장 그리스도의 십자가, 그리스도인의 연합의 중심_143

1. 그리스도와 신자의 연합
2. 그리스도의 교회의 연합
3. 연합으로 인한 복

부록 성도가 누리는 그리스도와의 연합 〈존 플라벨〉_166

| 옮긴이 머리말 |

그리스도의 십자가의 능력을 체험하라

화려한 이 세상에 묻혀 있는 그리스도인의 마음과 삶에,
그리고 한국교회 위에 갈보리의 험한 십자가가 우뚝 세워지고
주님의 보혈과 거룩하게 하는 능력이 흘러가기를 바라며…….

옥타비우스 윈슬로우 목사의 첫 설교집(『십자가 아래서』, 2008년, 지평서원 간) 번역을 마치고 설레는 마음으로 옮긴이 머리말을 썼던 때가 지금으로부터 정확하게 일 년 전입니다. 2008년 1월에 급하게 미국으로 건너와서 낯선 외국 생활에 적응하느라 여러 가지로 힘든 때였지만, 다가오는 사순절과 한국교회 성도들을 생각하면서 새벽마다 시간을 확보하고 십자가 설교를 번역했던 그때가 생각납니다.

윈슬로우 목사는 19세기 설교자이기 때문에 17세기 청교도에 비하면 훨씬 더 현대적인 저자이지만, 그가 사용하는 문장이 대부분 길고 표현도 화려하여 우리말로 번역하는 일이 결코 쉽지만은 않았습니다. 그럼에도 불구하고 책의 내용이 그리스도의 십자가로 가득 차 있고 너무나 은혜로 워서 번역의 고생스러움도 잊은 채, 때로는 울면서 때로는 감격하면서 번

역하던 일이 생각납니다.

그때 번역을 마치고 옮긴이 머리말을 쓰면서 제 마음은 두 가지 이유 때문에 크게 설레었습니다.

첫 번째는 오랫동안 청교도 서적을 번역하면서 언젠가는 꼭 십자가에 관한 설교를 번역하고 싶다는 저의 개인적인 소원이 마침내 실현되었기 때문입니다.

그동안 하나님의 교회에 꼭 필요하다는 확신이 서는 책들만 엄선하여 약 20권 정도의 경건 서적을 번역하였지만, 특별히 윈슬로우의 십자가 설교집은 "이 책은 한국교회에 지금 당장 꼭 필요할 뿐만 아니라 앞으로도 계속 필요한 정말 중요한 책이다"라는 강렬한 느낌을 주었습니다. 몇 년 전에 개인적으로 읽고 유익을 얻을 때도 그러하였지만, 번역을 하면서 그런 느낌이 더욱 강렬해졌습니다. 이처럼 제 마음에 그토록 소중하게 느껴지는 책을 마침내 번역하여 독자들에게 소개하는 시점에서 제 마음이 설레지 않을 수 없었습니다.

두 번째는 십자가의 진정한 메시지를 그리워하고 목말라하는 독자들이 그 책을 통해서 많은 은혜와 복을 누리면서 하나님을 찬송할 일이 기대되었기 때문입니다.

사실 일 년 전만 해도 옥타비우스 윈슬로우 목사는 한국에 전혀 알려져 있지 않았습니다. 그래서 역자의 입장에서는 과연 이름도 알지 못하는 저자의 책을 사람들이 선뜻 사서 읽을까 하는 염려가 없을 수 없었습니다. 그러나 그런 염려 속에서도 제가 설레는 마음을 품을 수 있었던 이유는, 다른 그 무엇보다도 그리스도의 십자가를 온 세상에 알리고 싶어하시는 성부 하나님과 성령 하나님의 지극히 큰 열심을 알았고 신뢰했기 때문이었습니다.

이 두 가지 이유 때문에 일 년 전 제 마음에 일었던 진한 설렘은 그 이후 큰 보람과 기쁨이라는 새로운 감정으로 변하였습니다. 왜냐하면 지난 일 년 동안 하나님께서 『십자가 아래서』를 통하여 그동안 잊혀졌던 십자가의 깊은 사랑과 은혜를 흡족히 맛보도록 많은 그리스도인들을 축복해 주셨기 때문입니다.

정말 많은 분들이 책을 사서 읽었고, 어떤 분들은 너무 감격스러워서 두 번이나 꼼꼼하게 읽었다고 반가운 소식을 전해 주시기도 하였습니다. 젊은 연령층의 독자들뿐 아니라 연세가 있으신 독자들도 십자가의 메시지를 읽으면서 감격하고 또 감격하였다고 전해 주셨습니다.

설레는 마음으로 『십자가 아래서』를 번역하고 한국에 소개한 역자로서 저는 그 책을 읽어 주신 모든 독자 여러분께 진심으로 감사의 마음을 전하고 싶습니다. 그리고 그 책을 읽으면서 배운 많은 진리들, 십자가 아래서 새롭게 느끼게 된 그리스도의 그 깊고도 한없는 사랑, 그 사랑 때문에 흘렸던 뜨거운 눈물들, 그리고 눈물로도 그 사랑을 다 갚을 수 없는 줄 알아 헌신을 다짐했던 선한 결심들, 이 모든 것들이 세월이 흐를수록 여러분의 마음과 삶에 더 선명해지고 확고해지기를 간절히 소원합니다.

이런 감사의 마음과 간절한 소원을 품고 윈슬로우 목사의 두 번째 십자가 설교를 우리말로 번역하여, 2009년 고난주간을 앞두고 있는 이때에 여러분 앞에 선보입니다. 이번에 번역된 일곱 편의 십자가 설교는 작년에 출간된 『십자가 아래서』에 실린 일곱 편의 설교에 이어지는 시리즈 설교입니다.

윈슬로우 목사는 이번에 번역된 십자가 설교에서도 그리스도의 십자가가 죄인을 구원하는 능력일 뿐만 아니라 성도들의 일상적인 삶에 위로와 소망과 변화를 주는 유일하고도 근본적인 능력임을 강력하게 선포합니다. 저는 이 책이 전해 주는 메시지가 오늘날 우리 한국 사회와 교회에 가장 시의 적절한 메시지라는 확신을 가지고 있습니다.

특히 최근에 우리 모두는 매우 험악한 세월을 살아가고 있습니다. 경제적으로 너무나 불안하고 초조한 시간을 보내고 있고, 도덕적으로 흉악한 죄들이 온 나라를 뒤흔들고 있으며, 사회적으로는 거의 모든 영역에서 다툼과 분열이 전쟁의 수준으로 확대되고 있고, 교회적으로는 세상을 정화시키지 못하는 교회의 무능력에 대한 탄식이 깊어지고 있습니다.

이렇게 다급한 문제들이 많은 때에 이미 귀에 못이 박히게 들었던 오래된 십자가의 메시지에 집중한다는 것은, 어쩌면 시대착오적인 노력이나 비현실적인 신앙으로 보일 수도 있습니다. 오래된 십자가의 메시지보다는 다급한 현실에 대한 기독교의 대안을 찾아내는 것이 더 지혜롭다고 생각될 수도 있습니다.

그러나 저는 자신 있게 말씀드립니다. 지금 우리가 살고 있는 이 시대의 모든 죄와 고통을 해결할 수 있는 가장 좋은 길, 유일한 길은 오래된 십자가의 메시지에 집중하는 것뿐입니다. 한반도 방방곡곡에 세워져 있는 교회마다 오래된 십자가의 메시지를 강단의 중심 메시지로 다시 회복하고, 풍요롭고도 화려한 이 세상에 묻혀 살고 있는 그리스도인들의 마음과 삶에 갈보리의 험한 십자가가 다시 우뚝 세워지며, 죄와 하나님의 진노로 신음하는 세상에 십자가의 보혈과 거룩하게 하는 능력이 흘러가게 하는 것! 이것이 지금 우리에게 그 무엇보다 시급하게 필요합니다.

이 책을 들고 진지하게 읽어 보십시오. 그러면 오래된 십자가의 메시지에 다시 집중하는 것이 지금 우리가 살고 있는 이 시대의 모든 고통을 해결하는 유일한 해답이라는 사실을 깨닫게 될 것입니다.

여러분은 그리스도의 험하고도 초라한 십자가가 어떻게 오늘날 우리에게 유일한 구원이요, 유일한 쉼터요, 유일한 소망이요, 최고의 영적 무기가 되는지를 정확하고도 풍성하게 알고 있습니까? 까마득한 2000년 전, 갈보리 언덕에 세워졌던 그리스도의 십자가가 왜 21세기에 사는 우리가 짊어져야 하고 못 박혀야 하는 십자가인지를 정확하고도 풍성하게 알고 있습니까? 누군가 진지한 호기심을 품고 이것에 관하여 자세히 말해 달라고 여러분에게 부탁한다면, 여러분은 제대로 답해 줄 수 있습니까?

이 세상이 가장 절실하게 필요로 하는 교회나 그리스도인은, 세상도 줄 수 있는 것을 기독교 신앙으로 포장해서 더 예쁘게 전해 주는 교회나 그리스도인이 결코 아닙니다. 죄와 사망으로 신음하고 있는 이 세상은, 오래된 십자가의 메시지를 알고 믿고 사랑하며 실천하는 교회와 그리스도인을 절박하게 찾고 있습니다.

그러므로 여러분 자신을 위해서도 이 책을 읽어야 하겠지만, 사망의 길 위에 서 있는 불쌍한 이 세상을 위해서도 이 책을 꼭 읽으셔야 합니다. 그리고 오래된 십자가의 메시지를 이 세상에 전하며 삶으로 드러내는 그리스도인이 되어야 합니다. 하나님께서 이 책을 손에 들고 읽는 모든 분들에게 이와 같은 은혜를 넘치게 부어 주시기를 바랍니다.

이 책에 실린 부록에 대해서도 간략히 말씀드리겠습니다. 이 책에 번역된 일곱 번째 설교에서 윈슬로우 목사는 십자가 안에서 모든 그리스도인들이 그리스도와 연합되어 있고 또 그리스도 안에서 서로 연합되어 있다는 중요한 진리를 다룹니다. 사실 이 진리는 기독교 신앙의 근간이 되는 너무나 중요한 진리이지만, 그 중요성에 비하여 잘 알려져 있지 않습니다.

그래서 독자들의 이해를 돕기 위하여 '연합의 교리'에 관한 청교도 설교 중에서도 가장 탁월한 존 플라벨 목사의 설교 한 편을 부록으로 실었습니다. 이 부록도 독자 여러분에게 도움이 되었으면 하는 바람입니다.

윈슬로우 목사의 두 번째 십자가 설교집을 독자 여러분에게 선보이면서 저는 새로운 설렘으로 우리의 미래를 바라보게 됩니다. 아무리 죄악이 관영한 곳이더라도 그곳에 갈보리의 십자가가 다시 세워지고 그리스도의 보혈이 흘러가면 놀라운 개혁과 부흥의 역사가 일어났습니다. 하나님께서 우리를 긍휼히 여기시면 이번에 출판되는 이 작은 책을 통해서도 그와 같은 놀라운 역사가 일어날 것입니다. 이것을 믿기에 저는 다시금 설레는 마음을 품게 됩니다. 올해는 봄이 오기 전에 하나님의 부흥이 서둘러 우리를 찾아왔으면 좋겠습니다.

2009년 2월, 미국 미시간에서
이태복 드림

1장 믿음의 눈으로 십자가를 보라
A Life-look at the Foot of the Cross

> 모세가 광야에서 뱀을 든 것같이 인자도 들려야 하리니
> 이는 그를 믿는 자마다 영생을 얻게 하려 하심이니라
> _요 3:14,15

우리 주님의 사역에서 보게 되는 탁월하고도 아름다운 특징이 한 가지 있습니다. 우리 주님께서는 기독교 신앙의 외적인 것들에 관하여 논쟁하는 데 단 일 초의 시간도 할애하시지 않았다는 것입니다. 주님의 모든 삶은 죄인을 구원하는 데 초점이 맞추어져 있었습니다. 그래서 주님은 교회에 관한 논쟁이나 성례나 종교 형식에 관한 논쟁에 조금도 시간을 할애하지 않으신 것입니다. 물론 주님께서도 자신의 사역 안에서 이와 같은 것들을 분명히 다루셨습니다. 그러나 주님께서 그것들을 다루신 경우는 오직 긍정적으로 그것들을 제정해 주시고 복음적인 명령으로 우리에게 제시해 주셨을 때뿐입니다.

사탄과 거짓의 교활함에 영향을 받은 사람들은 예수님께 사변적인 질문을 던져서 예수님의 마음을 흐트러뜨리려고 하였습니다. 그들은 본래 예

수님이 지향하고 계셨던 위대한 목적으로부터 예수님의 마음을 돌려놓으려고 하였습니다.

예를 들면, 사람들은 예수님에게 "주여, 구원을 받는 자가 적으니이까?"(눅 13:23)라고 질문하였습니다. 그러나 하늘에서 내려온 선생이신 우리 주님은 세상 그 어디에서도 찾아볼 수 없는 탁월한 노련함과 지혜로써 곧장 사람들의 생각을 사로잡으시어 사람들로 하여금 자기 자신의 구원이라는 지극히 중요하고도 개인적인 문제에 집중하게 하셨습니다. 예수님은 이렇게 대답하셨습니다.

"좁은 문으로 들어가기를 힘쓰라. 내가 너희에게 이르노니 들어가기를 구하여도 못하는 자가 많으리라"(눅 13:24).

오늘 본문 말씀도 이러한 사실을 보여 주는 놀라운 사례 가운데 하나입니다. 유대인의 지도자 중 한 사람인 니고데모가 밤중에 예수님을 찾아왔습니다. 예수님이 행하신 여러 가지 기적들을 보고 크게 감동을 받아 예수님을 찾아온 것입니다. 그는 다음과 같이 말하면서 예수님의 권위를 인정합니다.

"랍비여, 우리가 당신은 하나님께로부터 오신 선생인 줄 아나이다"(요 3:2).

그러나 우리 주님은 니고데모의 이런 고백에 아무런 반응도 보이지 않으셨습니다. 그리고 곧바로 거듭남이라는 중요한 문제로 니고데모의 마음에 도전하시며, 모든 진리 중에서 가장 중요한 진리로 니고데모를 압박하셨습니다.

"진실로 진실로 네게 이르노니 사람이 거듭나지 아니하면 하나님의 나라를 볼 수 없느니라"(요 3:3).

그러나 니고데모의 이해력은 둔하고 그 마음 또한 완고하여 예수님이

전하시는 진리를 도무지 알아듣지 못했습니다.

그러자 이 사실을 간파하신 우리 구주께서 니고데모가 속해 있던 이스라엘의 역사 가운데 한 사건을 예로 들어서 거듭남의 진리를 설명해 주셨습니다. 그 사건이야말로 거듭남의 진리를 가장 쉽게 설명할 수 있으며, 니고데모 역시 분명히 그 사건을 잘 알고 있을 것이라고 생각하셨기 때문입니다.

거듭남의 진리를 깨닫지 못하고 "어찌 그러한 일이 있을 수 있나이까?"(요 3:9)라고 되묻는 니고데모를 향하여, 우리 주님은 모세가 광야에서 놋뱀을 장대에 매달아 높이 들었던 사건을 상기시키십니다. 예수님은 사람들이 잘 알고 있는, 그리고 매우 감동적인 이 사건을 통하여, 죄라는 뱀에 물려 온갖 비참함에 빠져 있는 죄인으로 하여금 고침을 받고 의롭다함을 얻으며 영원한 구원에 이를 수 있게 하는 하나님의 방법을 니고데모의 마음에 쉽게 설명하고자 하셨습니다.

그렇습니다. 모세가 광야에서 놋뱀을 높이 들어 올린 이 이야기는 복음의 진리로 가득 차 있습니다. 이 이야기는 복음의 진수 그 자체입니다. 그래서 오늘 저는 여러분과 함께 이 이야기를 자세히 살펴보고자 합니다. 우리가 이 이야기를 살펴보는 동안 진리의 영이신 성령께서 우리를 직접 가르쳐 주시기를 바랍니다.

이 주제를 다루면서 저는 복음의 진리를 상징적으로 표현한 놋뱀 사건과, 이 사건을 통하여 설명하고 가르치려는 복음의 진리 사이에서 찾을 수 있는 여러 가지 일치하는 점들을 숙고하고자 합니다. 왜냐하면 오늘 본문 자체가 그렇게 하고 있기 때문입니다.

"모세가 광야에서 뱀을 든 것같이 인자도 들려야 하리니, 이는 그를 믿는 자마다 영생을 얻게 하려 하심이니라."

1. 놋뱀 사건과 복음의 진리

1) 불뱀의 독과 죄의 독

가장 먼저 숙고할 것은 불뱀의 독입니다. 불뱀의 독과 죄의 독이 완벽하게 대구를 이룬다는 것은 여러분도 이미 잘 아실 것입니다. 그러므로 이것에 대해서는 제가 별도로 말씀드릴 필요가 없을 듯합니다.

불뱀에 물리면 치명적인 독이 사람의 몸 안으로 들어옵니다. 그 독은 즉시 치명적인 바이러스를 만들어 내고, 그 바이러스는 전신에 퍼집니다. 그리고 그 결과는 백 퍼센트 사망입니다. 대부분의 경우 즉시 죽음에 이르게 됩니다.

마찬가지로 죄 역시 이렇게 심각하고도 치명적인 존재입니다. 그런데도 많은 사람들은 죄의 기원에 대해서 사변적인 질문을 던지고 그 답을 찾느라 정신이 없습니다. 그러나 우리는 그런 질문에는 관심이 없습니다.

제가 믿기로, 죄의 기원에 대해서 사변적인 질문들을 품게 하는 것은 사탄의 교묘한 술수 가운데 하나입니다. 죄에 대해서 사변적으로만 생각하다 보면, 죄의 실제적인 존재에 대해서, 죄의 악함에 대해서, 죄의 치명적인 결과에 대해서, 그리고 회개하지 않은 죄는 결국 발전하여 '둘째 사망'이라는 참혹한 고통과 비참한 형벌로 이어진다는 사실에 대해서 깊이 생각할 여유가 없어질 것입니다. 사탄은 바로 이것을 노리고 사람들로 하여금 죄에 대하여 자꾸 사변적으로만 생각하도록 만드는 것입니다.

그러므로 죄의 실제적인 존재와 악함과 치명적인 결과에 대해서 바르게 생각하지 못하고, 오히려 죄의 기원에 대해서 쓸데없는 호기심을 품고 불필요한 질문들을 함으로써 여러분 자신을 낭비하는 일이 없도록 주의하십시오.

뱀의 자연적인 마력은 잘 알려져 있습니다. 그러나 죄의 윤리적인 마력은 훨씬 더 잘 알려져 있습니다. 뱀은 먹이를 붙잡으면 자신의 몸으로 먹이를 똘똘 휘감습니다. 마찬가지로 죄의 마력도 사람의 영혼을 똘똘 휘감아 빠져나가지 못하게 만드는 힘이 있습니다.

만일 사탄이 "왜 죄가 이 세상에 들어왔을까?"라는 질문으로 사람들의 마음을 혼란시키는 것만 성공한다면, 그것은 사람들로 하여금 자기 자신의 개인적인 타락과 하나님을 떠난 실제적인 배교라는 중대하고도 심각한 사실을 잊게 만드는 데 일단 성공한 셈입니다.

사랑하는 여러분, 성경보다 지혜로워지려고 하지 마십시오. 성경의 하나님보다 지혜로워지려고 하지 마십시오. 이런 일은 절대 흉내도 내지 말아야 합니다.

"왜 하나님은 죄를 허용하셨을까?"라든지, "죄의 신비로운 기원은 어디서부터일까?"라는 질문은 여러분이 씨름해야 할 문제가 아닙니다. 여러분이 씨름해야 할 문제는 저 옛 뱀 마귀가 여러분을 물어서 그 독침과 독이 여러분의 영혼에 퍼져 있다는 심각한 사실입니다. 그리고 그 독침을 뽑아내지 않고 죄의 독을 해독하지 않으며 죄의 깊은 상처를 치료하지 않으면, 절망의 흑암이 여러분의 불멸하는 영혼을 영원토록 덮어 버릴 것이라는 심각한 사실입니다.

아, 죄라는 것은 얼마나 끔찍한지요! 죄는 사람의 신체, 도덕, 지성의 모든 부분에 파고들어 모든 것을 망쳐 놓았습니다. 이 세상의 모든 사람은 다 죄인으로 태어납니다.

"내가 죄악 중에서 출생하였음이여, 어머니가 죄 중에서 나를 잉태하였나이다"(시 51:5).

이처럼 모든 사람은 죄 가운데 태어나고, 죄 가운데 살다가, 죄 가운데 죽습니다. 만일 하나님의 은혜가 이런 죄인의 삶에 개입하지 않는다면, 만일 죄인이 그리스도의 구원을 받아들이고 환영하고 믿지 않는다면, 그 사람은 죄 가운데 살다가 죄 가운데 죽게 되어 있습니다.

하나님의 성도들은 이것을 압니다. 그들에게 물어보십시오. 그들이 무엇 때문에 가장 쓴 눈물을 흘리며 무엇 때문에 가장 깊이 탄식하는지를 물어보십시오. 그들은 한결같이 대답할 것입니다.

"저는 제 안에 있는 죄 때문에 가장 쓴 눈물을 흘리고 가장 깊이 탄식합니다. 만일 제 안에 있는 죄가 제거되고, 창조되었을 때의 순결함을 회복하고 완전한 거룩함에 도달한다면, 저는 완전한 행복을 누릴 것입니다. 제가 슬퍼하고 근심하는 것은 재산을 잃어서도 아니고, 사랑하는 사람을 잃어서도 아닙니다. 제가 슬퍼하고 근심하는 것은 제 마음 안에서 언제나 죄라는 바이러스가 믿음 없는 저의 악한 마음을 자극하고 흔들어 결국 하나님으로부터 등을 돌리도록 만들기 때문입니다."

오늘 본문에서 우리는 불뱀에 물려 죽어 가는 백성을 위하여 모세가 해 줄 수 있는 일이 하나도 없었다는 사실을 간과해서는 안 됩니다. 이스라엘 백성들은 불뱀에 물려 죽어 가고 있었습니다. 쓰러져 죽어 가고 있는 사람들이 이스라엘 진영 곳곳에 널려 있었습니다. 그러나 모세에게는 그 사태를 해결할 능력이 전혀 없었습니다. 모세는 완전히 실패한 사람이었습니다.

여기에는 얼마나 놀라운 복음의 진리가 나타나 있는지요! 하나님의 성령에 의해서 죄책을 깨달은 많은 사람들은 자신의 마음에 죄의 독이 퍼져 있다는 사실을 느끼게 됩니다. 그런데 이런 사실을 깨닫는 순간, 의외로 많은 사람들이 하나님 앞에서 의롭다함을 얻기 위하여 율법이나 자신의 행위를 의지합니다. 예수 그리스도를 믿고 의지해야 하는데 오히려 모세를 의지하고, 정죄와 사망의 도구인 율법을 칭의와 영생의 도구로 바꾸어 보려고 온갖 애를 다 씁니다. 복음을 율법으로 바꾸려고 온갖 노력을 기울입니다.

그러나 사랑하는 여러분, 그렇게 해서는 죄를 치료할 수가 없습니다. 설령 여러분이 가난한 사람에게 여러분의 모든 소유를 다 준다고 해도, 또 여러분의 몸을 불사르게 내준다고 해도, 하나님의 율법은 여러분의 죄를 치료해 주지 못합니다. 죄를 고침받고 싶다면, 여러분은 모세가 두려워 떨었던 시내 산을 떠나야 합니다. 그런 후에 갈보리 언덕으로 나아가야만 합니다. 성육신하신 하나님께서 겸비함으로 회개하는 모든 죄인에게 죄사함과 평안을 약속해 주시는 그곳, 갈보리 언덕에 세워진 십자가 아래서만 죄를 사함받을 수 있기 때문입니다.

2) 치료하는 방법

두 번째로 유사한 것은 치료하는 방법입니다. 이와 관련하여 여러 가지 질문을 생각해 볼 수 있습니다. 그중 첫 번째로 생각할 질문은 "누가 치료하는 방법을 고안했는가?"라는 것입니다.

여러분, 대답해 보십시오. 불뱀에 물려 죽어 가는 이스라엘 백성을 살려 내는 방법을 고안해 낸 것이 모세의 지혜와 사랑이었습니까, 아니면 하나님의 지혜와 사랑이었습니까? 불뱀에 물려 죽어 가는 이스라엘 백성을 살려 내는 방법이 인간에게서 나온 것입니까, 아니면 하나님에게서 나온 것입니까? 자연적으로 생긴 것입니까, 아니면 계시에 의해 알려진 것입니까?

이 질문에 대한 답이 모호해서 고개를 갸우뚱거리며 대답하지 못할 사람은 아무도 없을 것입니다. 놋뱀을 장대에 매달아 놓고 그것을 보는 사람마다 불뱀의 독에서 치료를 받고 살아나게 하는 것은, 너무나 간단하면서도 독특하고, 절대 불가능할 것 같지만 대단한 효과를 가진 방법입니다. 그것은 한눈에 봐도 하나님께서 고안해 내신 방법임을 알 수 있습니다.

그렇습니다. 그것은 하나님으로부터 나온 방법이었습니다. 이와 같은 치료법, 즉 이스라엘 진영 전체를 뒤덮은 사망으로부터 그들을 구해 내는 이런 치료 방법은 결코 사람의 머리에서 나올 수 없습니다. 모세로서는 골백번 생각해도 도무지 생각해 낼 수 없는 방법입니다.

여기에서 우리는 경건한 사람들이 쉽게 빠지는 심각한 오류를 발견하지 않을 수 없습니다. 흔히 경건한 사람들도 하나님의 사랑이 그리스도의 속죄를 고안해 냈다고 생각하지 않고, 오히려 그리스도의 속죄가 하나님의 사랑을 가능하게 만들었다고 생각합니다. 그러나 이런 생각은 얼마나 잘못된 것인지요! 그리스도께서 십자가에서 우리의 죄를 대신 짊어지고 속죄의 죽음을 죽으신 것은 어떤 원인에 따른 결과였을 뿐입니다. 그 원인은 바로 자신의 교회를 향한 하나님의 영원한 사랑이었습니다.

그런데도 어떤 사람들은 그리스도께서 십자가에서 죄인들을 위하여 죽으셨기 때문에 비로소 하나님께서 죄인들에게 사랑을 베푸실 수 있게 되었다고 말합니다. 그러나 이렇게 말하는 것은 기독교 신앙을 근본적으로 왜곡하는 것입니다. 왜냐하면 이렇게 말하는 것은 하나님의 사랑이 하나님의 본질적인 속성에서 우러나온 것도 아니며 자발적인 사랑도 아니라고 말하는 것과 같기 때문입니다.

그러나 분명한 사실은, 하나님께서 먼저 우리를 사랑하셨다는 것입니다. 그래서 하나님은 자신의 사랑하는 독생자를 우리에게 선물로 주셨습니다. 하나님께서는 그렇게 자신의 사랑을 우리에게 표현하신 것입니다.

만일 하나님께서 이렇게 자신의 사랑하는 독생자를 십자가에 내주지 않으셨더라면, 하나님을 영화롭게 하고 그분의 무한한 거룩함과 공의로움을 유지하면서 동시에 죄인을 의롭게 할 수 있는 방법이 전혀 없었을 것입니다.

사람들이 그동안 너무 자주 들어서 이제는 너무나 익숙해진, 그러나 많은 사람들의 마음에 고드름처럼 떨어지는 말씀을 잘 들어 보십시오.

"하나님이 세상을 이처럼 사랑하사"(요 3:16).

아, '이처럼'이라는 단어는 얼마나 놀라운 표현인지요! 이 단어에 담긴 하나님의 사랑의 깊이를 다 헤아려 보려면 영원도 부족할 것입니다.

"하나님이 세상을 이처럼 사랑하사 독생자를 주셨으니 이는 그를 믿는 자마다 멸망하지 않고 영생을 얻게 하려 하심이라"(요 3:16).

여기에서 우리는 예수 그리스도께서 속죄의 죽음을 당하게 된 근본적인 기원을 알 수 있습니다. 그 기원은 무엇입니까? 성부 하나님의 영원한 사랑입니다. 인간의 철학이 가장 운 좋게 무엇을 발견한다고 해도, 서로 극단적으로 다른 두 존재, 곧 거룩하신 하나님과 죄인인 인간을 화해시켜서 서로 사랑하고 친구가 되게 하는 것은 절대 불가능합니다.

그러므로 옛 뱀에 물려 죽어 가고 있는 죄인들이 구원받을 수 있는 유일한 방법인 십자가 사건, 곧 그리스도께서 십자가에 못 박혀 높이 들리신 그 구속의 모든 계획은 하나님에게서 시작된 것입니다. 우리는 이것을 인정하지 않을 수 없습니다.

치료의 방법과 관련하여 놋뱀 사건과 십자가에서 발견하게 되는 또 다른 일치점은, 문제를 해결하기 위하여 동원된 수단이 겉으로 보기에는 전적으로 부적절해 보였다는 것입니다.

지나가는 사람의 눈으로 볼 때, 이스라엘 백성들이 불뱀의 독으로 죽어 가고 있는데 그들을 살린답시고 살아 있지도 않은 차가운 놋뱀을 만들어 나무에 달아 높이 들어 올린 것은 아무짝에도 쓸모없는 일처럼 보였을 것입니다. 조금이라도 생각이 있는 사람이라면 놋뱀을 보면서 다음과 같이 생각할 수밖에 없었을 것입니다. '불뱀에 물려 죽어 가고 있는 저 불쌍한 사람들과 놋뱀이 도대체 무슨 관계가 있단 말인가?'

십자가를 통해서 이루어진 하나님의 구원도 이 세상 사람들의 눈에는 그렇게 보일 것입니다. 그래서 사도 바울은 이렇게 말하였습니다.

"우리는 십자가에 못 박힌 그리스도를 전하니 유대인에게는 거리끼는 것이요 이방인에게는 미련한 것이로되"(고전 1:23).

놀랍게도 인류의 구속이, 하나님의 아들이신 예수 그리스도께서 세상 그 어디에서도 찾아볼 수 없는 겸비함으로 자기 자신을 낮추고 고난받으심으로써 성취된 것입니다.

모세가 광야에서 높이 들었던 놋뱀, 금으로 만든 것도 아니고 은으로 만든 것도 아닌 그 놋뱀은, 예수님이 자기 자신을 낮추사 비천한 모습으로 이 세상에 오신 것을 표현하는 적절한 상징이었습니다. 예수님께서 그렇게 자기 자신을 낮추시고 고난을 받으셨기 때문에 우리가 타락이라는 비참한 구덩이에서 건짐을 받고 영광스러운 왕좌에 앉게 된 것입니다.

하나님의 아들이신 예수 그리스도께서는 자기 자신을 한없이 낮추사 십자가에 죽기까지 순종하셨습니다. 그러므로 하나님의 아들이 어떻게 우리의 죄를 속하셨는지를 끊임없이 공부하도록 합시다. 그러면 그리스도께서 우리를 구원하기 위하여 아낌없이 버리신 저 하늘의 영광에 대한 우리의 생각도 더 높아지고 더 고상해질 것입니다.

하나님의 아들이신 그리스도께서는 자기 자신을 한없이 낮추사 우리와 같이 되셨습니다. 그는 근본 하나님의 본체이지만 자기 자신을 한없이 낮추사 인성을 입으신 후에 묵묵히 고난을 받으셨습니다. 그는 우리의 죄를 대신 짊어지고 우리가 받아야 할 저주를 대신 감당하셨으며, 우리의 죄악으로 인하여 받아야 할 형벌을 대신 받으셨습니다.

불뱀에 물려 죽어 가고 있던 이스라엘 백성들의 눈에 장대에 높이 달린 놋뱀은 아무런 볼품도 없었고 아름답지도 않았습니다. 그러나 믿는 마음으로 그것을 바라보는 사람에게 그 놋뱀은 불뱀의 무서운 독을 단숨에 치료하고 그 사람을 다시 살아나게 만드는 기적의 도구가 되었습니다.

이것은 복음의 위대한 진리를 우리에게 밝히 보여 줍니다. 곧 교회의 가장 놀라운 영광은, 하나님의 아들이 자기 자신을 한없이 낮추시고 고난을 받으신 데서 출발합니다. 하나님의 아들이 당하신 가난과 비참함과 슬픔의 그 깊이에서 우리의 가장 고상한 생명과 가장 높은 소망이 발생하는 것입니다.

놋뱀 사건과 십자가는 치료의 단순함에서도 공통점이 있습니다. 불뱀에 물려 죽어 가고 있던 이스라엘 백성을 치료하기 위하여 모세가 높이 든 것은, 그 꼭대기에 뱀의 형상이 달려 있는 긴 막대기였습니다. 성막에서 사용되는 물건들 중에는 화려하고 값비싼 것들도 있었지만, 하나님께서는 가장 단순하고도 투박하며 값도 별로 나가지 않는 막대기를 사용하셔서 위대한 치유의 역사를 이루셨습니다. 하나님께서 이렇게 하신 이유는 우리에게 복음의 단순함을 가르쳐 주기 위함입니다.

하나님의 구원의 방법이 얼마나 단순한지를 보여 주는 또 다른 예는 나아만 장군이 나병을 고침받은 사건입니다. 선지자 엘리사가 나아만에게 요단강에 가서 몸을 일곱 번 씻으라고 하였을 때, 나아만은 엘리사가 자기를 모욕한다고 생각하고 자존심이 상하여 분노하였습니다.

"다메섹 강 아바나와 바르발은 이스라엘 모든 강물보다 낫지 아니하냐! 내가 거기서 몸을 씻으면 깨끗하게 되지 아니하랴?"(왕하 5:12)

하나님의 치료 방법이 너무나 소박하고 단순했기 때문에 나아만이 실망했던 것입니다. 그러나 결국 그는, 그 어떤 육체도 하나님 앞에서 자랑하지 못하도록 사람의 교만을 의도적으로 꺾어 놓는 것이 하나님께서 사람을 다루시는 방법임을 알게 되었습니다. 또 하나님을 순종하는 것이 수많은 제사를 드리는 것보다 훨씬 나으며, 그것이 모든 복의 근원이 된다는 것도 알게 되었습니다.

하나님의 구원은 얼마나 단순한 방법을 통해서 이루어지는지요! 믿기만 하면 구원을 받으니 얼마나 놀랍습니까! 믿는 마음으로 주님을 바라보기만 하면, 또 빈손을 내밀어 주님의 은혜를 받고자 하기만 하면, 떨리는 손으로 주님의 옷자락에 손을 대기만 하면, 성령을 통해서 주님의 보혈이 한 방울만 우리에게 떨어지기만 하면, 우리의 모든 죄가 용서받고 죄로 인한 상처가 치유되며 죄인이 살게 되고 우리 영혼이 구원을 받게 됩니다. 이 얼마나 놀라운 일입니까!

사랑하는 여러분, 하나님은 여러분에게 위대한 일을 요구하시지 않습니다. 어떤 사람들이 구원을 얻기 위하여 하는 것처럼, 여러분 자신을 학대할 필요도 없고, 먼 성지로 순례 여행을 떠날 필요도 없으며, 단식으로 몸을 상하게 할 필요도 없고, 값비싼 희생을 치를 필요도 없습니다.

여러분이 할 일은 오직 한 가지입니다. 주 예수 그리스도를 믿으십시오. 죽임을 당하신 어린양의 피로 여러분의 죄를 씻으십시오. 높이 들린 십자가를 바라보십시오. 그러면 에덴동산에서 인류가 잃어버렸던 생명보다 더 고결한 생명이 여러분의 영혼으로 흘러 들어올 것입니다. 그리고 여러분은 영광스러운 영원한 삶을 살게 될 것입니다.

3) 완벽한 치료

모세의 놋뱀과 그리스도의 십자가 사이에 존재하는 세 번째 유사점은 그 치료가 완벽하다는 것입니다. 놋뱀을 보고 고침받은 사람에게는 더 이상 다른 처방이나 약이 필요하지 않았습니다. 완전하게 고침을 받았기 때문입니다. 하나님의 방법을 통해서 완전하게 고침을 받았는데도 거기에 인간적인 방법을 덧붙이려는 것은 오히려 완전한 치료를 무효화하고 아무런 효과도 주지 못할 것입니다. 이 사실은 얼마나 엄숙한 진리를 보여 주는지요!

하나님의 아들이 십자가에서 이루신 속죄는 너무나 완벽합니다. 그리스도의 사역은 너무나 완전합니다. 그리스도께서 십자가에 달려 죽으심으로 하나님의 율법은 더할 나위 없이 완전하게 높아졌습니다. 하나님의 공의는 하나도 남김없이 다 시행되고 만족되었습니다. 그리고 하나님의 영광은 한없이 완전하게 입증되었습니다.

그러하기에 다른 모든 피조물에서 결함과 흠을 발견해 내시는 거룩한 주 하나님께서도, 옛 뱀이라고 불리는 마귀에게 속아 죄를 범했지만 이제는 예수 그리스도의 의를 옷 입고 있는 연약한 성도에게는 이렇게 말씀하십니다. "내 사랑아, 너는 머리끝부터 발끝까지 참 아름답구나. 너에게는 흠이 하나도 없구나."

그러므로 사랑하는 여러분이여, 죄인을 구원하시는 하나님의 구원 방식이 얼마나 완전하고도 완벽한지를 굳게 믿으십시오. 감히 하나님의 완전한 구원 방식을 보완하겠다고 달려드는 모든 것들을 경계하십시오.

하나님의 말씀을 전하는 모든 사역자들에게 이것은 얼마나 놀라운 교훈인지요! 모세는 장대에 놋뱀을 달아 높이 들어 올릴 때 아무것도 더하지 않았습니다. 절대 그렇게 하지 않았습니다.

오늘날 구원의 복음을 전하는 사역자들도 죽어 가는 죄인들에게 그리스도를 바라보고서 살라고 외칠 때 모세처럼 해야 합니다. 세례, 성찬, 사도직, 다른 문제나 교회 정치에 관한 논쟁에 관해서는 입도 벙긋하지 말아야 합니다. 여러분이 죄로 인해 고통받고 있는 영혼을 앞혀 놓고서 세례나 의식이나 성찬, 교회나 종교적 의무들에 관해서 아무리 훌륭하게 설교한다 한들, 그것이 그들의 비참한 영혼에 무슨 유익을 주겠습니까? 여러분은 그들의 비참함을 비웃는 잔인한 설교자에 불과할 뿐입니다.

그러므로 이 모든 것들을 뒤로 미루어 두고, 오직 예수님에 관하여 설교하십시오. 비참한 죄인들에게 베푸시는 그리스도의 사랑과 은혜에 관하여 설교하십시오. 그들을 구원하고자 하시는 그리스도의 열심과, 능히 그들을 구원하실 수 있는 그리스도의 능력에 관하여 설교하십시오.

그들의 모든 죄를 깨끗이 사하는 그리스도의 보혈에 관하여 설교하십시오. 그들의 영원한 옷이 되는 그리스도의 의에 관하여 설교하십시오. 그들에게 기름 부어지는 성령에 관하여 설교하십시오. 그리고 이 모든 것이 인간의 공로가 조금도 섞이지 않고 오직 값없이 주어지는 은혜의 선물임을 전하십시오.

그것이 바로 비참한 죄인에게 위대한 기쁨의 복된 소식을 전해 주는 것입니다. 하늘의 천사들이 아무리 아름답고도 감미로운 선율로 노래를 부른다고 해도, 여러분이 그리스도에 대한 소식을 통해서 죄인의 영혼에 채워 준 기쁨의 선율에 비하면 그것은 아무것도 아닙니다.

지금까지 이 땅을 거쳐 간 그리스도의 모든 참된 사역자들은 바울과 같이 "우리는 십자가에 못 박힌 그리스도를 전하니"(고전 1:23)라고 고백하였습니다.

여러분의 구원에 다른 어떤 것도 첨가하지 않도록 주의하십시오. 그것이 아무리 신령한 것이더라도, 여러분이 그것을 구주 예수 그리스도와 대등하게 놓는다면, 여러분이 그리스도와 그의 십자가보다 교회와 교회의 의식들을 더 소중히 여긴다면, 아니 만일 여러분이 교회와 교회의 의식들을 그리스도와 그의 십자가만큼만 소중히 여긴다 하더라도, 여러분의 영혼이 기쁨과 평안과 소망을 잃게 될 뿐만 아니라 다른 사람들의 영혼도 잘못된 길로 인도하게 될 것입니다.

그러므로 오직 예수님만 바라보십시오. 여러분이 받은 세례나 여러분이 속한 교회나 여러분이 행한 선행들을 바라보지 마십시오. 오직 예수님만 바라보십시오.

저는 제 영혼의 영원한 행복을 걸고 자신 있게 말씀드립니다. 여러분이 믿음으로 그리스도를 바라보면, 여러분은 천국에 안전히 들어가게 될 것입니다. 성경은 믿음의 결과에 대하여 이렇게 말씀합니다.

"믿음의 결국 곧 영혼의 구원을 받음이라"(벧전 1:9).

4) 높이 들리다

모세의 놋뱀과 그리스도의 십자가 사이에 존재하는 또 다른 유사점이 있습니다. 놋뱀이 장대에 달려 높이 들렸듯이 그리스도도 십자가에 높이 달리셨다는 것입니다. 어떤 사람들은 놋뱀이 장대에 높이 들린 것을 복음과 연관시켜 해석합니다. 장대에 달려 높이 들린 놋뱀처럼 그리스도께서도 십자가에 달려 높이 들렸다는 것입니다. 저도 이런 해석에 동의합니다.

그렇습니다. 복음은 다른 것이 아닙니다. 복음은 십자가에 달려 죽으신 예수 그리스도에 관한 계시입니다. 다시 말해서, 복음은 그리스도를 높이 들어 올리는 것입니다. 복음은 그리스도로 충만합니다. 복음은 그리스도에 관한 소식입니다. 복음은 곧 그리스도입니다.

그러므로 어떤 장소에서든, 또 어떤 설교자에 의해서든, 복음이 진실하고 단순하며 사랑스럽게 전파될 때면 언제나 십자가에 달려 죽으신 그리스도가 높임을 받게 되어 있습니다. 다시 말해서, 십자가에 달려 죽으신 그리스도가 높임을 받을 때 비로소 복음은 진실하고 단순하며 사랑스럽게 전파되는 것입니다. 이와 같이 복음은 예수 그리스도를 온 세상에 알리고, 예수 그리스도를 드높이며, 죄인으로 하여금 하나님의 어린양을 바라보게 만들기 위해 하나님이 제정해 주신 방법입니다.

"아, 복되신 하나님의 영광스런 복음이여!
그대의 모양은 하나님을 닮았고

그대의 음성은 아름다운 선율이며

그대의 숨결은 천국의 향기로다.

그대는 인간의 모든 방법보다 아름다우니

이는 그대의 입술에서

값없이 죄 사해 주시는

은혜의 말씀이 흘러나옴이라."

2. '광야'에서 '바라보다'

지금까지 모세의 놋뱀과 그리스도의 십자가 사이에 존재하는 유사점을 살펴보았습니다. 이제 매우 중요한 질문을 몇 가지 살펴보겠습니다.

첫 번째 질문은 다음과 같습니다. "불뱀에 물려 죽어 가고 있던 이스라엘 백성들이 놋뱀을 향하여 어떤 행동을 취하였습니까?" 그에 대한 대답은 분명합니다. 그것은 놋뱀을 바라보는 것이었습니다. 그 이상도 그 이하도 아닙니다. 피곤한 눈을 들어, 어쩌면 온몸에 퍼진 독 기운 때문에 이미 흐릿해졌을지도 모르는 눈을 들어 놋뱀을 응시해야 했습니다.

그런데 놀라운 사실은 비록 희미하고 어렴풋하더라도 놋뱀을 바라보는 그 순간에 그들의 몸을 감싸고 있던 사망의 싸늘한 기운이 눈 녹듯이 사라져 버렸다는 것입니다. 희미해지던 맥박이 다시 활기차게 뛰기 시작했습니다. 다 죽어 가던 환자가 한순간에 생기 넘치는 젊은 사람처럼 되살아났습니다.

아, 이 얼마나 영광스러운 진리인지요! 어떻게 하면 우리가 죄에서 고침을 받을 수 있습니까? 그 방법은 다른 것이 아닙니다. 그것은 바로 우리의 죄로부터 눈을 들어 믿음으로 예수 그리스도를 바라보는 것입니다.

교회 안에는 늘 자기 자신의 죄를 골똘히 바라보느라 여념이 없는 사람들이 있습니다. 저는 그런 사람들에게 꼭 말씀드리고 싶습니다. 여러분은 이렇게 말합니다. "우리는 너무나 악합니다." 옳은 말입니다. 우리 모두는 참으로 너무나 악합니다.

그러나 여러분이 반드시 기억해야 할 것이 있습니다. 여러분의 죄가 얼마나 깊고도 많은지, 또 얼마나 악한지를 골똘히 바라본다고 해서 여러분의 죄가 사함을 받고 고침을 받는 것은 결코 아니라는 것입니다. 절대 그렇지 않습니다. 여러분은 예수님을 바라보아야 합니다. 그리스도가 피 흘리신 십자가 앞으로 나아가야 합니다.

그렇게 할 때 우리에게 어떤 일이 일어납니까? 가장 복된 일이 일어납니다. 성경은 이렇게 말씀합니다.

"그를 믿는 자마다 멸망하지 않고 영생을 얻게 하려 하심이라"(요 3:16).

예수님을 바라볼 때, 그리스도가 피 흘리신 십자가 아래로 나아갈 때, 여러분이 반드시 구원을 얻게 된다는 것입니다.

자, 여러분 앞에는 두 가지 길이 있습니다. 하나는 생명이요, 다른 하나는 사망입니다. 하나는 천국이요, 다른 하나는 지옥입니다. 만일 여러분이 오직 믿음으로 그리스도를 바라보지 않는다면, 여러분은 멸망하고 말 것입니다. 여러분이 하나님의 아들에게 등을 돌리고 인간이 고안해 낸 치료 방법으로 죄를 해결하려고 한다든지, 사랑의 하나님께서 자신이 가장 사랑하시는 독생자를 십자가에 못 박아 죽이면서까지 보여 주시고 제공해 주신 구원 방법을 거부한다면, 여러분은 멸망을 피할 수 없을 것입니다.

성경은 이렇게 말씀합니다.

"보라, 하나님의 어린양이로다"(요 1:36).

"땅의 모든 끝이여 내게로 돌이켜 구원을 받으라. 나는 하나님이라. 다른 이가 없느니라"(사 45:22).

"믿음의 주요 또 온전하게 하시는 이인 예수를 바라보자"(히 12:2).

이 구절들을 잘 읽어 보십시오. 구원을 얻는 방법과 관련된 이처럼 중요하고도 위대한 진리를 계시하는 하나님의 말씀은 언제나 한결같습니다. 즉, 누구든지 그리스도를 바라보고 살라고 명령하는 것입니다. 누구든지 그리스도를 바라보기만 하면 살 것이라고 약속하시는 것입니다.

그러므로 십자가로 가까이 나아가십시오. 절망감으로 감았던 눈을 들어서 십자가에 못 박히신 예수 그리스도를 바라보십시오. 자신의 죄 때문에 두 눈에 눈물이 가득 고이고, 불신 때문에 눈이 가려져서 앞이 희미하게 보일지라도, 십자가에 못 박히신 예수 그리스도를 바라보십시오. 그러면 영원한 생명이 여러분에게 주어질 것입니다.

여기에서 한 가지 질문을 더 생각해 보겠습니다. "이 놀라운 구원의 사건이 일어난 장소는 어디입니까?" 대답은 매우 간단합니다. 구원의 장소는 광야였습니다. 좋은 것을 전혀 기대할 수 없는 거친 광야! 바로 그곳에서 이스라엘 백성은 놀라운 구원의 은총을 경험하였습니다.

그렇다면 여러분에게 다시 묻겠습니다. 예수 그리스도를 믿지만 죄의 고통을 느낄 수밖에 없는 우리에게 이 세상은 마치 무엇과 같습니까? 그렇습니다. 이 세상은 광야와 같습니다. 우리가 살고 있는 이 세상 역시 광야입니다. 그런데 놀라운 것은 광야와 같은 우리의 마음과 이 세상에서 우리도 놀라운 구원의 은혜를 누린다는 것입니다. 이 광야 같은 세상에서 은혜로 충만하신 구주 예수 그리스도를 만난다는 것입니다.

사랑하는 여러분, 어쩌면 여러분 가운데 어떤 사람들은 지금 매우 거친 광야의 삶을 살고 있을지도 모릅니다. 우리 주님께서 여러분을 공허함 속으로, 가난 속으로, 여러분 자신과 피조물과 이 세상에 대해서 절망하고 또 절망할 수밖에 없는 상황으로 몰고 가시는 중일지도 모릅니다. 그러나 주님께서 그렇게 하시는 데는 분명하고도 선한 목적이 있습니다. 여러분이 의지하던 모든 것을 내려놓고 오직 예수 그리스도만 의지하게 하시려는 것입니다.

하나님께서는 종종 이런 목적을 가지고 우리를 다루십니다. 과거의 경험을 가만히 떠올려 보십시오. 하나님께서 여러분이 애지중지 사랑하던 피조물을 빼앗아 가셨을 때, 여러분이 그토록 자랑하던 건강을 빼앗아 가셨을 때, 여러분이 그토록 뽐내던 돈을 빼앗아 가셨을 때, 그리하여 여러분을 지극히 겸손하게 만드셨을 때, 그 절망스러운 광야 속에서 예수 그리스도를 발견한 적이 얼마나 많았던지요!

3. 오직 은혜로 주어지는 구원

오늘 본문에서 한 가지 간과하지 말아야 할 사실이 있습니다. 이스라엘 백성들이 놋뱀의 효력을 되풀이해서 경험하는 특권을 누렸을 것이라는 점입니다. 만일 사막의 불뱀에 다시 물린다면, 그들은 놋뱀을 다시 바라볼 수 있었을 것이고, 또다시 치유를 받았을 것입니다.

그런데 오늘 우리 그리스도인들에게도 동일한 특권이 있다는 것을 여러분은 알고 계십니까? 하나님의 자녀들에게는 끊임없이 그리스도를 바라볼 수 있는 특권이 있습니다. 유혹이 새롭게 우리를 엄습할 때마다, 죄가 새롭게 우리를 덮칠 때마다, 회개하면서 믿음으로 예수님께 다시 나아가면, 우리는 다윗처럼 고백할 수 있게 될 것입니다.

"여호와는 나의 목자시니 내게 부족함이 없으리로다……내 영혼을 소생시키시고 자기 이름을 위하여 의의 길로 인도하시는도다"(시 23:1,3).

그러므로 사랑하는 성도 여러분이여, 그리스도를 다시 한 번 바라보십시오. 사탄이 여러분에게 상처를 주었습니까? 죄로 인해 상처를 입었습니까? 세상이 여러분에게 상처를 주었습니까? 다른 성도들로부터 상처를 입었습니까? 다시 그리스도를 바라보십시오. 그러면 그리스도의 피가 또 다시 여러분에게 평안을 줄 수 있다는 것을 느끼게 될 것입니다. 그리스도의 긍휼이 여러분에게 충분한 위로가 된다는 것을 또다시 느끼게 될 것입니다.

오늘 본문에서 이스라엘이 경험한 치유는 얼마나 은혜로운 것이었는지요! 이스라엘 백성이 무슨 자격이 있어서 이렇게 놀라운 치유를 받은 것입니까? 이스라엘 백성이 간구했기에 이렇게 놀라운 치유가 베풀어졌습니까? 이스라엘 백성은 하나님께 고쳐 달라고 구하지 않았습니다. 고침을 받을 만한 일을 한 적도 전혀 없었습니다. 그들이 경험한 치유는 순전히 은혜로 주어진 치유였습니다.

우리가 누리고 있는 구원도 마찬가지입니다.

"너희는 은혜로 구원을 받은 것이라"(엡 2:5).

"그것이 은혜에 속하기 위하여 믿음으로 되나니"(롬 4:16).

이 귀중한 진리를 전심으로 믿으십시오. 여러분의 구원은 돈으로 되는 것도 아니고, 값으로 되는 것도 아닙니다.

"성령과 신부가 말씀하시기를 오라 하시는도다. 듣는 자도 오라 할 것이요 목마른 자도 올 것이요 또 원하는 자는 값없이 생명수를 받으라 하시더라"(계 22:17).

이 귀중한 진리를 전심으로 믿으십시오. 그러면 여러분은 구원을 받을 것입니다.

놋뱀에게는 불뱀의 독을 치료하는 한 가지 효력밖에 없었습니다. 그러나 우리는 주 예수 그리스도 안에서 모든 복을 충만하게 누리게 됩니다. 우리에게는 영혼의 구원만 선물로 주어진 것이 아닙니다. 예수 그리스도께서는 하나님의 아들인 자신을 믿는 믿음으로 사는 모든 사람들에게 위로와 위안, 인도와 지혜도 선물로 주십니다.

여러분에게 어려운 일이 있습니까? 슬픈 일이 있습니까? 필요한 것이 있습니까? 그렇다면 아무 걱정 말고 그리스도께 나아가 아뢰십시오. 하나님 아버지께서는 모든 충만으로 예수 안에 거하게 하셨습니다(골 1:19 참고). 그러므로 그리스도를 의지하여 살아가십시오.

마지막으로 한 가지만 간략하게 말씀드리겠습니다. 놋뱀을 바라봄으로써 고침을 받았던 이스라엘 사람들도 결국은 죽고 말았습니다. 그러나 예수 그리스도를 믿는 죄인은 한 번 고침을 받고 구원을 받으면 결단코 죽지 않습니다. 예수님은 말씀하십니다.

"나를 믿는 자는 영원히 죽지 아니하리니"(요 11:26).

예수님을 믿는 사람의 영혼은 구원을 받았기 때문에 이 세상의 모든 괴로움과 작별을 고하는 순간에 영원한 영광 속으로 날아올라갈 것입니다. 또 죄와 질병과 죽음으로 고통받는 연약한 육신의 장막을 벗는 순간, 그 영혼은 독수리보다 더 빨리 날아올라 영원한 안식에 들어갈 것입니다.

어쩌면 이 설교가 생의 마지막 설교일지도 모를 분들을 위로하기 위하여 몇 말씀 더 드리겠습니다. 여러분은 살 날이 얼마 남지 않았다는 것을 느끼고 있을 것입니다. 질병이 여러분의 생명을 갉아먹고 사망이 시시각각 다가오고 있으며, 영원한 세계의 그림자가 여러분 주변에 드리워져 있습니다.

그러나 슬퍼하지 마십시오. 하나님께서 여러분에게 말씀하십니다. 예수 그리스도를 바라보라고 말씀하십니다. 그러면 이 땅을 떠나는 순간에 여러분은 그리스도의 품 안에 있게 될 것입니다. 여러분은 결코 영원한 사망을 경험하지 않을 것입니다. 그리고 땅에 묻힐 여러분의 몸도 다시 부활하여 주님과 함께 있게 될 것입니다.

혹시 여러분 가운데 "이제 와서 예수 그리스도를 바라본다는 것은 너무 늦은 일이 아닌가?"라고 생각하는 사람이 있을지도 모릅니다. 죽음의 문턱에 이르러서야 비로소 예수 그리스도를 바라본다는 것은 어쩌면 여러분이 생각하는 것처럼 늦은 일일 수도 있습니다. 그러나 절대 너무 늦지는 않았습니다.

혹시 여러분 가운데 "나는 예수님을 희미하게 알 뿐인데 무슨 소용이 있겠는가?"라고 생각하는 사람이 있을지도 모릅니다. 그러나 그것 때문에 포기하지 마십시오. 만일 여러분이 소박한 믿음으로 그리스도를 바라본다면, 여러분의 영혼은 구원을 얻게 될 것입니다.

이미 구원받은 하나님의 자녀들이여! 자기 자신의 고귀한 피를 흘려 여러분을 구원하신 그리스도의 영광을 위하여 살아가십시오. 이것을 여러분의 삶의 목표로 삼으십시오. 예수 그리스도를 바라보면서 여러분 앞에 놓인 경주를 완주하십시오. 지금은 그리스도를 믿음의 눈으로 바라보고 있을 뿐이지만, 머지않아 직접 그분을 뵙고 그 영광을 보게 될 것입니다. 그때까지 달려갈 길을 쉬지 말고 달려가십시오.

"나를 바라보고 구원을 얻으라,
너의 그 모든 깊은 죄로부터.
주홍같이 붉은 얼룩과
강력한 죄의 권세로부터 구원을 얻으라.

나를 바라보고 구원을 얻으라,
너를 짓누르는 이 세상 모든 근심으로부터.
나는 영원히 통치하며
네 모든 머리털까지 다 세고 있으니.

나를 바라보라, 나는 하나님이니.
모든 권세 내게 있어서
나는 영원한 생명을 주고
네 모든 길 인도할 수 있으니.

나를 바라보고 구원을 얻으라,
모든 의심과 두려움으로부터.
너의 승리는 확정되었고
영광에 이르는 길이 보장되었으니.

나를 바라보라, 어려운 일 아니니.
겸비한 마음으로 나를 바라보라.
너의 구원 이것만으로 족하니

구원의 능력은 처음부터 끝까지 내게 있음이라.

살아 있는 동안 나를 바라보라,
네 호흡은 잠시 지나가는 것이니.
죽음이 가까울 때 나를 바라보라,
사망의 열쇠 오직 내게 있으니.

나를 바라보라, 나는 하나님이니.
만물이 내게 주어지고
내게 맡겨진 모든 것은
땅에서든 하늘에서든 늘 안전하니."

2장 십자가 지고
Bearing the Cross

> 예수께서 자기의 십자가를 지시고
> 해골(히브리 말로 골고다)이라 하는 곳에 나가시니
> _요 19:17

그리스도의 수난에는 여러 가지 사건들이 담겨 있습니다. 특히 그리스도께서 자신이 못 박힐 십자가를 짊어지고 골고다로 걸어가시는 모습을 보십시오. 거듭나서 민감한 영적 감각을 가지고 있는 성도들에게는 이 장면이야말로 거룩한 교훈을 가장 많이 담고 있는, 그리고 심금을 울리는 가장 감동적인 장면으로 다가올 것입니다.

오늘 본문에 기록된 이 장면은 그리스도께서 얼마나 심한 굴욕을 당하셨는지를 보여 줍니다. 그러나 동시에 죄인들을 향한 그리스도의 사랑이 얼마나 깊은지도 보여 줍니다. 또한 이 장면은 온 우주의 왕이신 하나님의 아들이 얼마나 철저히 자신을 낮추셨는지를 보여 줍니다. 그리고 그 낮아지심이 우리의 이해력으로는 도무지 믿기 어려울 정도였다는 것을 보여 줍니다. 그러나 동시에 이 장면은 그리스도의 은혜가 얼마나 광대한

지도 보여 줍니다.

우리 주님의 죽으심과 관련하여 놀라운 일들이 많이 있겠지만, 오늘 본문에 나타난 이 일이야말로 가장 두드러진 모습이며, 모든 것 중에서도 가장 감명적이고 중요한 일입니다.

당시 로마제국에서 시행되던 십자가 사형 제도의 관례에 따르면, 십자가에 못 박힐 죄수가 자기가 못 박힐 십자가 나무 형틀을 짊어지고 사형장까지 걸어가야 했습니다. 사형수의 입장에서 보면 이것은 가장 혹독한 형벌 중의 하나였습니다. 그러나 우리 주님은 이 형벌을 순순히 감당하셨습니다.

"예수께서 자기의 십자가를 지시고 해골(히브리 말로 골고다)이라 하는 곳에 나가시니."

예수님의 어깨에 잔인한 사형 형틀을 올려놓았던 로마 군인들은 자기들 앞에 초라하게 서 있는 그 사형수의 능력으로 그 나무가 자라서 십자가 형틀의 재목이 되었다는 사실을 꿈에도 생각할 수 없었습니다. 또 자기들이 사형시킬 그 사형수가 사실은 자기들의 창조주라는 사실도 전혀 생각할 수 없었습니다. 이처럼 예수님은 자기 자신을 희생하심으로써 죄인들을 구원하시는 일에 자신의 모든 것을 다 바치셨습니다.

예수님은 자신이 못 박혀 죽으실 나무를 친히 창조하시고 기르셨습니다. 또 예수님은 저주받은 나무에 자신을 잔인하게 못 박을 로마 군인들을 세상에 태어나게 하셨고, 어릴 적부터 기르셨습니다.

아, 죄인들을 향한 예수님의 사랑의 깊이를 어찌 다 말할 수 있겠습니까! 우리는 이렇게 고백할 수밖에 없습니다.

"오, 주님, 이 세상에 존재하는 모든 사랑을 다 합친다 해도 주님의 사랑에 견줄 수 없습니다. 주님의 사랑은 주님의 존재처럼 영원합니다. 주님은 영원 전부터 갈보리의 십자가를 보고 계셨습니다. 그것이 얼마나 비참하고 참혹한 것인지를 다 알고 계셨습니다. 그럼에도 불구하고 주님은 우리를 구원하시는 일에 아무런 망설임 없이 뛰어들었고, 자신의 목숨을 내주심으로써 죄인들을 구원하시는 계획을 바꾸지 않으셨습니다. 아무런 가치 없는 죄인들을 구원하기 위해서는 물불을 가리지 않으셨지만, 주님 자신을 구원하는 일은 한사코 거절하셨습니다."

저는 오늘 설교를 통해 십자가 형틀을 짊어지고 골고다로 걸어가신 우리 주님의 가장 감동적인 모습을 여러분에게 보여 주면서, 십자가를 짊어지고 예수님을 따라가야 할 예수님의 제자들의 모습이 어떠해야 하는지를 말씀드리고자 합니다. 그러므로 먼저 예수님께서 십자가를 지고 골고다로 걸어가신 일을 살펴보고, 그 후에 우리가 어떻게 십자가를 지고 주님을 따라야 하는지를 살펴보도록 하겠습니다.

1. 십자가를 지고 골고다로 걸어가신 예수님

1) 우리를 향한 사랑을 보여 주신 예수님

이 잊을 수 없는 장면에서 우리 주님이 어깨에 짊어지신 것은 문자 그대로 십자가 형틀이었습니다. 주님이 못 박히고 달려 죽으실 바로 그 십자가 형틀이었습니다.

가만히 생각해 보십시오. 이것은 우리 주님이 우리와 똑같은 인성을 소유하고 계셨다는 것을 얼마나 감동적으로 증거합니까! 우리 주님은 채찍에 맞아 상처투성이가 된 어깨 위에 십자가 형틀을 실제로 짊어지셨고,

그 형틀의 무게에 눌려 기진맥진하셨습니다. 이것은 예수님이 죄가 전혀 없다는 것을 제외하고는 우리와 정말 똑같은, 살과 뼈를 가진 사람이었다는 증거입니다.

이 사실은 무거운 짐을 짊어지고 살아가는 성도에게 얼마나 많은 위로를 주는지요! 예수님께서 여러분에게 어떤 종류의 십자가를 짊어지게 하셨을 수도 있습니다. 어쩌면 여러분도 예수님처럼 수치를 당하거나 손해를 입는 상황에 처해 있는지도 모릅니다. 그리고 이런 일 때문에 여러분의 마음이 슬픔에 잠겨 있고, 여러분의 심령이 낙담해 있으며, 그 십자가의 무게에 짓눌려 비틀거리며 쓰러질지도 모릅니다.

그러나 오늘 본문에서 보는 바와 같이, 여러분이 믿는 주님이 당하신 이 감동적인 장면을 숙고해 보십시오. 그러면 여러분에게 필요한 교훈과 위로를 얻게 될 것입니다.

우리 주님은 십자가를 짊어지고 있는 사람이 얼마나 힘든지를 어느 누구보다 잘 알고 계십니다. 그런데 그런 주님이 지금 이 순간 여러분에게 아무런 관심도 없고 아무런 동정심도 가지지 않으며 아무런 연민도 느끼지 않으실 것이라고 생각합니까? 주님의 말씀에 순종하고 고난을 인내하며 주님을 전심전력하여 섬기는 가운데, 하나님께서 주신 무거운 짐을 지고, 또 그리스도께서 주신 십자가를 지고서 지치고 피곤하여 기진맥진해 있는 여러분을 주님께서 나 몰라라 하실 것이라고 생각합니까?

십자가 형틀을 짊어지고 골고다 언덕까지 걸어가신 주님께서 받은 능욕에 대해서는 이미 말씀드렸습니다. 그러나 대충 훑어보고 넘어가기에는 그 안에 담긴 의미가 너무나 큽니다. 우리 주님이 받으신 모든 능욕 하나하나가 우리를 향한 그분의 사랑을 보여 주는 증거이기 때문입니다.

앞에서도 말씀드렸지만, 로마에서 사형수를 처형할 때 가장 모욕적으로 그를 다루는 방법이 바로 그 사형수로 하여금 사형 형틀을 짊어지고 사형장까지 걸어가게 하는 것이었습니다. 그런데 예수 그리스도께서 이런 능욕까지도 마다하지 않으시고 기꺼이 감당하신 것입니다.

빌립보서 2장 8절은 이렇게 말씀합니다.

"사람의 모양으로 나타나사 자기를 낮추시고 죽기까지 복종하셨으니 곧 십자가에 죽으심이라."

여기에서 한 가지 생각해 볼 문제가 있습니다. 왜 예수님은 이렇게 십자가를 짊어지고 갈보리까지 가시는 능욕을 감당하셨던 것일까요? 그것은 우리를 향한 자신의 사랑이 얼마나 깊은지를 보여 주시기 위함입니다. 그리고 우리가 예수님의 이름을 고백하고 예수님이 지워 주신 십자가를 지고 살면서 수치와 능욕을 당할 때마다 예수님께서 우리를 진실로 동정하시며 자신의 은혜로 우리를 안전하게 붙들어 주신다는 사실을 가르쳐 주시기 위함입니다.

생각해 보십시오. 우리 주님은 우리가 겪는 능욕보다 수천 배는 더 심한 능욕도 즐거운 마음으로 감당하셨습니다. 그리고 그런 주님이 본래 풍성한 긍휼을 가진 분이시기 때문에 주님의 그 깊은 마음으로부터 우리를 향한 동정심이 끊임없이 솟구쳐 나오고 있습니다. 그런데도 어느 누가 우리 주님의 뒤를 따라 십자가를 짊어지고 나아갈 때 감수해야 할 수치와 손실을 피하려 하겠습니까? 더욱이 우리 주님께서는 우리에게 확신을 심어 주기 위해 이렇게 말씀하셨습니다.

"누구든지 사람 앞에서 나를 시인하면 나도 하늘에 계신 내 아버지 앞에서 그를 시인할 것이요"(마 10:32).

이것에 대해서는 이 정도로만 해 두고 십자가를 짊어지고 골고다까지 걸어가시는 주님의 발자취에 담겨 있는 더 신령하고도 복음적인 진리를 살펴보겠습니다.

2) 우리의 죄를 대신 짊어지신 예수님

주님께서 골고다까지 걸어가실 때 어깨에 짊어졌던 십자가는 사실 주님께서 짊어지셨던 더 무거운 짐, 곧 자기 백성의 많은 죄들을 상징하는 것이었습니다. 만일 죄가 없었더라면, 우리 주님께서 십자가를 짊어지실 필요도 없었을 것입니다.

그러므로 십자가를 짊어지고 기진맥진한 상태에서 갈보리까지 걸어가실 때, 주님의 마음에는 무엇보다도 죄로 인한 깊은 슬픔이 있었습니다. 십자가를 짊어지고 갈보리까지 걸어가실 때, 주님의 심령은 무엇보다도 우리의 죄로 인하여 깊이 고통받고 있었습니다.

주님은 자기 백성의 대속자(Substitute)와 보증인(Surety)으로서 그들의 모든 죄를 대신 짊어지셨습니다. 이것 때문에 주님이 느끼셨던 심적인 고통과 슬픔은 주님의 어깨를 짓누르고 있던 무거운 십자가 형틀보다 훨씬 더 크고도 혹독했습니다.

눈물 없이는 들을 수 없는 주님의 말씀에 귀를 기울여 보십시오.

"내 마음이 매우 고민하여 죽게 되었으니"(마 26:38).

주님이 끝까지 감당하셨던 이 고민의 원인은 무엇이었습니까? 이 고민의 원인은 다른 데 있지 않았습니다. 주님께서 우리의 죄를 대신 짊어지셨기 때문이었습니다. 우리의 죄가 아니면, 우리 주님이 겪으신 이 깊고도 비할 데 없는 영혼의 슬픔에 대한 신비를 설명할 방법이 없습니다. 만일 우리의 죄가 주님에게 전가되어 주님의 것이 되지 않았더라면, 주님은 그런 슬픔을 느끼며 고통스러워하실 필요가 전혀 없었던 것입니다.

여기에서 우리는 한 가지 사실을 분명하게 알 수 있습니다. 우리 주님은 단순히 죄에 대한 형벌만 받으신 것이 아니라 자기 백성의 죄를 실제로 감당하셨다는 것입니다.

만일 유죄 판결을 받은 친구를 대신하여 죄를 짊어진 것도 아닌 죄가 하나도 없는 사람에게 유죄 판결을 받은 친구가 받아야 할 형벌을 부과한다면, 그것은 얼마나 부당한 일이겠습니까? 그러나 그리스도의 십자가는 전혀 달랐습니다. 우리 주님께서는 죄가 하나도 없으셨지만 우리의 죄를 대신 짊어지셨습니다. 그래서 모든 형벌을 받으셨던 것입니다.

그리스도께서 우리를 대신하여 죄인이 되셨다는 것, 이것은 복음의 위대한 교리입니다. 죄 없는 그리스도께서 죄 있는 우리들을 대신하여 죄인이 되신 것입니다.

"하나님이 죄를 알지도 못하신 이를 우리를 대신하여 죄로 삼으신 것은 우리로 하여금 그 안에서 하나님의 의가 되게 하려 하심이라"(고후 5:21).

그러므로 사랑하는 여러분이여, 여러분의 모든 죄가 예수님에게로 옮겨졌다는 사실을 주목하십시오.

어떤 사람들은 우리가 우리의 죄를 그리스도에게로 옮겨 놓아야 한다고 생각합니다. 그러나 성경은 그렇게 가르치지 않습니다. 우리가 어떻게 우리의 죄를 그리스도에게 옮겨 놓을 수 있겠습니까? 그것은 불가능한 일입니다. 오히려 성경은 여호와께서 우리의 죄를 그리스도에게로 옮기셨다고 가르칩니다.

"여호와께서는 우리 모두의 죄악을 그에게 담당시키셨도다"(사 53:6).

성부 하나님께서는 영원 전에 자신의 영원한 사랑으로 이 놀라운 일을 행하셨습니다. 삼위 하나님의 영원한 경륜 속에서 하나님의 택하심을 받은 사람들의 모든 죄가 예수님에게 옮겨졌습니다. 그리고 예수님은 그 죄를 짊어지고 그 죄를 속하기 위하여 십자가에 달려 죽으셨습니다.

만일 성부 하나님께서 우리의 죄를 성자 예수 그리스도에게 옮겨 놓지 않으셨다면 어떻게 되었겠습니까? 아무리 능력이 많은 사람이라 하더라도 우리의 죄 중에서 단 한 가지라도 성자 예수 그리스도에게 옮겨 놓을 수 없을 것입니다.

우리를 하나님과 화목하게 하기 위하여 그리스도께서 중보자로 일하셨습니다. 즉, 한편으로는 하나님을 위하여 일하셨고 다른 한편으로는 사람을 위하여 일하셨습니다. 그러므로 만일 희생 제물이 되신 그리스도가 담당해야 할 죄를 하나님께서 직접 그리스도에게 짊어지워 주지 않으셨다면, 다시 말해서 하나님께서 자기 백성의 모든 죄를 그리스도가 담당해야 할 것이라고 동의하지 않으셨다면, 설령 그리스도께서 십자가에 달려 죽으셨다고 하더라도 하나님과 우리 사이에는 아무런 화목도 이루어지지 않았을 것입니다.

이런 점에서 볼 때, 우리의 구원과 거기에서 비롯되는 모든 복은 성부 하나님께서 성자 하나님에게 자기 백성의 모든 죄를 친히 옮겨 놓으셨기 때문에 주어지는 것입니다.

그러므로 믿음이라는 것은 하나님께서 이미 행해 놓으신 일을 믿는 것이지, 여러분이 아무리 애써도 이룰 수 없는 일을 해 보려고 하는 것이 아닙니다. 즉, 믿음이라는 것은 마치 대제사장 아론이 이스라엘 백성의 모든 죄를 희생 제물인 염소의 머리에 옮겨 놓고 그 염소를 광야로 몰아냈던 것처럼, 하나님께서 친히 여러분의 모든 죄를 예수님의 영혼 위에 옮기셨다는 진리를 받아들이는 것입니다.

"아론은 그의 두 손으로 살아 있는 염소의 머리에 안수하여 이스라엘 자손의 모든 불의와 그 범한 모든 죄를 아뢰고 그 죄를 염소의 머리에 두어 미리 정한 사람에게 맡겨 광야로 보낼지니"(레 16:21).

혹시 여러분은 성령님의 비취심을 받아 영적으로 죄를 깨닫고 고통과 절망을 느끼는 가운데 어떻게든 짓누르는 그 죄의 무게를 벗고 싶어서 그리스도께 그 죄를 옮겨 놓으려고 지난 수개월 동안 몸부림쳤습니까? 그리고 그럼에도 불구하고 그 모든 노력이 다 실패로 끝나 낙심하였습니까?

저는 여러분에게 구주 예수 그리스도의 십자가 아래로 나아가라고 간곡히 권면하고 싶습니다. 십자가 아래 서서 죄도 없고 흠도 하나도 없는 하나님의 어린양을 바라보십시오.

여러분을 짓누르는 죄의 모든 무거운 짐을 하나님의 어린양이 이미 다 짊어지셨습니다. 여러분이 죄 때문에 받아야 할 모든 형벌을 하나님의 어린양이 이미 다 받으셨습니다. 죄와 허물로 죽어야 할 여러분을 대신하여 하나님의 어린양이 이미 죽임을 당하셨습니다.

성부 하나님께서는 영원 전부터 여러분을 사랑하신 까닭에 여러분의 모든 죄와 허물을 예수 그리스도에게 다 옮겨 놓으셨습니다. 여러분이 감당해야 할 죄를 하나도 남김없이 그리스도에게 다 옮겨 놓으셨습니다. 이 보배로운 진리를 받아들이십시오.

이제 여러분이 할 일은 한 가지밖에 없습니다. 그것은 바로 예수님을 믿는 것입니다. 예수님은 예수님을 의지하고서 하나님께 나아가는 모든 죄인을 온전히 구원하십니다. 이것을 믿으십시오. 그러면 여러분을 짓누르고 있던 죄의 모든 짐이 벗겨질 것입니다.

지금까지 말씀드린 것처럼, 여러분의 영혼이 구원을 받는 중차대한 문제 앞에서 여러분이 해야 할 일은, 여러분을 위해 하나님께서 이미 행하신 일을 믿고 받아들이는 것입니다. 여러분이 무엇을 어떻게 해 보겠다고 하나님께 제시하는 것이 아닙니다. 여러분은 여러분의 죄를 그리스도에게 옮겨 놓을 수 없습니다. 그것은 하나님만이 하실 수 있는 일이기 때문입니다.

여러분의 영혼이 죄 때문에 고통을 받고 있다면, 여러분이 영적으로 각성되어 죄책을 느끼고 있다면, 여러분의 모습 그대로를 가지고 그리스도의 십자가로 나아가십시오. 그리고 십자가에 달려 죽으신 그리스도를 바라보고 믿어 구원을 받으십시오.

만일 여러분이 여러분의 죄를 하나님께서 그리스도에게 옮겨 놓으셨다는 진리를 믿지 않는다면, 여러분은 여러분을 향한 하나님의 사랑을 믿을 수 없을 것입니다. 또 그렇게 되면 여러분은 모든 평강과 기쁨과 소망의 근원도 발견할 수 없을 것입니다. 다시 말해서, 그리스도께서 우리의 죄를 친히 짊어지셨다는 사실을 믿을 때 우리는 측량할 수 없는 위로를 누리게 될 것입니다.

하나님께서는 자신이 극진히 사랑하는 아들 예수 그리스도에게 여러분의 추악한 모든 죄를 옮겨 놓으셨습니다. 이런 하나님께서 여러분의 모든 죄를 다시 여러분에게 옮겨 놓으실 것이라고 생각합니까? 그런 일은 절대 없을 것입니다. 그러므로 우리는 하나님의 사랑을 확신하는 가운데 우리가 받은 구원의 확실성에 대해서 안심할 수 있습니다.

3) 하나님의 공의를 완전히 만족시키신 예수님

그리스도께서는 여러분의 추악한 모든 죄를 친히 짊어지고 형벌을 받으심으로써 하나님의 공의를 완전하게 만족시키셨습니다. 그러므로 여러분의 죄는 더 이상 찾아볼 수 없게 되었습니다. 그렇다면 이제 여러분은 그리스도께 무엇을 가지고 나아가겠습니까? 여러분은 무엇을 위하여 그리스도의 십자가 아래로 나아가겠습니까?

여러분이 가지고 나아가야 할 것은 죄책감입니다. 여러분의 죄책에 대한 영적으로 각성된 고백입니다. 여러분을 죽도록 짓누르는 그 무겁고도 끔찍한 짐을 가지고 십자가로 나아가야 합니다. 정죄감과 사망에 대한 두려움, 영원한 진노에 대한 두려움을 가지고 그리스도께 나아가야 합니다.

성령에 의하여 율법 아래서 여러분이 어찌할 수 없는 죄인임을 깨닫고 느끼게 되었다면, 이제 십자가로 가까이 나아가 우리를 위하여 저주를 받으신 예수 그리스도를 바라보아야 합니다. 여러분의 모든 죄가 그리스도에게로 옮겨지고 그리스도께서 그 모든 죄를 위하여 하나도 남김없이 형벌을 받으셨음을 바라보아야 합니다. 그리스도 때문에 그 모든 죄가 다 용서되고 영원한 망각 속에 내던져졌음을 바라보아야 합니다.

물론 그리스도인이면 누구나 그리스도께서 십자가에 달려 죽으셨다는 사실을 인정합니다. 그러나 그 사실에 대한 해석은 얼마나 크게 다른지요! 저는 하나님의 아들이 십자가에 달려 죽으셨다는 이 거룩한 신비를 제대로 풀어 주는 성경적이고도 합리적인 해석만을 인정합니다. 성경은 이렇게 말씀합니다.

"그리스도 예수께서 죄인을 구원하시려고 세상에 임하셨다 하였도다"(딤전 1:15).

"그리스도께서 경건하지 않은 자를 위하여 죽으셨도다"(롬 5:6).

"그리스도도 많은 사람의 죄를 담당하시려고 단번에 드리신 바 되셨고"(히 9:28).

"친히 나무에 달려 그 몸으로 우리 죄를 담당하셨으니"(벧전 2:24).

이 모든 감동적인 구절들은 우리 주님의 죽음이 대속의 죽음이었음을 한결같이 증언합니다. 대속의 죽음이라는 교리보다 더 강력하고 더 찬란하게 선포될 만한 교리가 또 있을까요? 그러므로 여러분의 믿음에 반드시 필요한 이 교리를 든든하게 붙잡으십시오.

하나님의 아들이 우리의 죄를 대신 짊어지고 속죄의 죽음을 죽으셨다는 이 진리를 겸손한 마음으로, 또 믿는 마음으로 받아들이지 않으면, 이 땅에서 영적인 삶을 절대 살 수 없으며 죽은 후에도 영원한 천국에 들어갈 수 없습니다.

하나님께서는 자신의 명예를 희생하면서까지 죄인들을 구원하시는 법이 결코 없습니다. 또 자신의 공의를 무너뜨리면서까지 죄인들에게 긍휼을 베푸시는 법이 결코 없습니다. 그런데 하나님의 아들이 십자가에서 이루신 속죄는 하나님의 모든 속성을 완전하게 조화시켰습니다. 그리하여 하나님께서 가장 악한 죄인에게도 하나님께서 사랑과 긍휼을 베푸시며 은혜를 부어 주시는 일이 얼마든지 가능하게 만들었습니다. 그리고 그 일이 참으로 영광스럽고도 자랑스러운 일이 되도록 만들었습니다.

만일 하나님께서 자신의 도덕적인 통치 질서를 스스로 깨뜨리고 오직 긍휼이라는 성품에만 근거하여 죄인을 구원하신다면, 그것은 공의라는 또 다른 성품을 거스르는 것이며 거룩이라는 성품을 모욕하는 것이고 진실함이라는 성품을 위반하는 것이 될 것입니다.

그러나 하나님의 아들, 곧 신인이신 그리스도 예수께서 죄인들의 죄를 짊어지고 하나님의 공의를 만족시켰기 때문에 거룩하신 하나님께서 영광을 얻으셨습니다. 이렇게 해서 예수님의 대속으로 가장 악한 죄인도 아무런 문제 없이 구원을 얻게 된 것입니다.

"다른 이로써는 구원을 받을 수 없나니 천하 사람 중에 구원을 받을 만한 다른 이름을 우리에게 주신 일이 없음이라 하였더라"(행 4:12).

십자가를 지고 골고다로 걸어가시는 예수님이 겪는 처절한 능욕은 어두운 구름에 비유할 수 있습니다. 그러나 그 먹구름 뒤에 예수님의 사랑이 얼마나 찬란하게 빛을 발하고 있는지요! 예수님께서 자신이 못 박힐 십자가를 친히 짊어지고 가셨다는 것은 얼마나 놀라운 사실인지요! 이 놀라운 사실은 하나님의 사랑에 비추어 볼 때만 제대로 이해될 수 있습니다.

사실 오늘 본문에서 자기 자신을 죽음으로 몰고 갈 고문 형틀과 사형 형틀을 짊어지고 갈보리로 걸어가는 것은 하나님의 사랑입니다. 이런 점에서 예수님의 십자가는 하나님의 사랑의 상징이요 표현입니다. 예수님의 십자가는 하나님의 사랑의 휘장이요 문양입니다.

하나님의 사랑은 우리를 구원하기 위하여 죽임을 당하셨습니다. 그것도 가장 고통스럽고도 참혹한 죽음을 죽으셨습니다. 성부 하나님께서는 이 세상을 지극히 사랑하셔서 자기의 외아들을 내주셨습니다. 성자 하나님께서는 이 세상을 지극히 사랑하셔서 자기 자신을 내주셨습니다. 그리고 성령 하나님께서는 이 세상을 지극히 사랑하셔서 예수님의 모든 것을 우리에게 보여 주고 가르쳐 주십니다.

사랑! 오직 사랑만이 여호와께서 구속언약(covenant of redemption) 안에서 영원 전부터 행하신 모든 구원을 우리에게 공급해 줍니다. 그러므로 십자가를 짊어지고 골고다로 걸어가시는 여러분의 구주를 바라보십시오. 힘들어 비틀거리며 기진맥진하는 그리스도를 바라보십시오. 그리고 그분의 사랑을 다시는 의심하지 마십시오.

혹시 그리스도께서 여러분의 심령이 기진맥진할 만큼 무거운 짐을 여러분에게 얹어 주셨습니까? 그렇다고 해도 불평하지 마십시오. 그리스도께서는 여러분을 사랑하셔서 그것보다 훨씬 더 무거운 짐을 대신 짊어지셨습니다. 그러므로 여러분이 지금 짊어지고 있는 짐을 기쁘게 지십시오. 여러분이 무거운 짐을 지고 가는 이 훈련 속에서 배워야 할 것을 다 배우고 그 안에 숨겨진 복을 얻을 때까지 그리스도께서 여러분을 지탱해 주실 것입니다.

사랑하는 여러분, 예수님의 진심을 알고 싶습니까? 예수님의 발자국을 뒤따라가 보십시오. 예수님은 기진맥진한 상태에서, 더욱이 심령에 큰 슬픔을 느끼는 가운데서, 여러분을 위하여 자신이 못 박혀 죽을 십자가 형틀을 짊어지고 골고다 언덕으로 걸어가셨습니다. 해골이라고 불리는 섬뜩하고도 암울한 골고다를 향해 한 발짝 한 발짝 힘겹게 걸어가셨습니다.

우리 주님께서 십자가를 짊어지고 골고다까지 걸어가신 이 감동적인 사건을 통해서 우리에게 얼마나 많은 복이 흘러 들어오는지 모릅니다. 그 가운데 몇 가지만 말씀드리겠습니다.

이 사건은 우리 주님이 우리와 똑같은 인성을 소유하고 계셨다는 사실도 확증해 주지만, 그와 동시에 우리 주님이 한 사람으로서 얼마나 깊은 동정심을 가지고 계셨는지도 확연하게 보여 줍니다.

그러므로 이 세상을 살면서 피곤하여 쓰러질 것만 같을 때, 기진맥진하여 아무 힘이 없을 때, 짊어지고 있는 무거운 짐 때문에 금방이라도 죽을 것만 같을 때, 그리스도의 동정심을 생각하면서 여러분 자신을 위로하고 격려하기를 바랍니다.

낙심해 있는 분들이여, 육신의 질병으로 고통받는 분들이여, 영적으로 낙담해 있는 분들이여, 그리스도만큼 여러분을 깊이 동정해 줄 사람은 세상에 아무도 없습니다. 그리스도께서는 그 무거운 십자가 형틀을 짊어지고 골고다까지 걸어가시는 고난을 친히 겪으셨기 때문에 지금 여러분이 걷고 있는 그 모든 어려운 길을 이해하시고 여러분을 긍휼히 여기십니다.

어쩌면 여러분이 지금 걷고 있는 길은 굴곡이 너무 심하고 십자가 같으며 눈물 없이는 걸을 수 없고, 칠흑 같은 어둠이 짙게 드리워져 한 치 앞도 내다볼 수 없는 길일 수 있습니다. 그러나 우리 주님께서 십자가 형틀을 짊어지고 골고다로 걸어가셨을 때, 주님은 그 고난을 통해서 여러분이 지금 걷고 있는 그 길의 고통을 이해하고 동정하며 여러분을 구원해 줄 수 있는 분으로 준비되셨습니다.

그러므로 여러분의 십자가를 그리스도의 십자가 아래로 가져가십시오. 그리스도의 십자가 아래서 우리를 위하여 고난당하시는 그리스도의 사랑을 바라보고 있노라면, 여러분의 고난이 가볍고 짧게 느껴질 것입니다. 그리고 시편 기자와 한목소리로 고백하게 될 것입니다.

"내가 산 자들의 땅에서 여호와의 선하심을 보게 될 줄 확실히 믿었도다"(시 27:13).

2. 십자가를 짊어지는 그리스도인

우리 주님의 생애 가운데 본문에 기록된 이 사건을 통해서 배울 수 있는 교훈이 많이 있겠지만, 그중에서 성도들에게 가장 실천적이고 가장 귀한 교훈이 있다면, 아마 그것은 우리 주님처럼 우리도 십자가를 지고 가야 한다는 교훈일 것입니다. 우리 주님께서 제자들과 함께 말씀하실 때 "십자가를 지고"라는 표현을 얼마나 자주 사용하셨는지를 생각해 보십시오.

"자기 십자가를 지고 나를 따르지 않는 자도 내게 합당하지 아니하니라"(마 10:38).

"누구든지 나를 따라오려거든 자기를 부인하고 자기 십자가를 지고 나를 따를 것이니라"(마 16:24).

사실 자기 십자가를 지고 주님을 따른다는 것은 그리스도의 제자들만이 누릴 수 있는 고결하고도 신령한 특권입니다. 성경에는 이런 특권을 누린 구레네 시몬의 사건이 감동적으로 기록되어 있습니다.

"나가다가 시몬이란 구레네 사람을 만나매 그에게 예수의 십자가를 억지로 지워 가게 하였더라"(마 27:32).

그렇다면 그리스도의 십자가를 짊어진다는 것은 무엇입니까? 그것은 적어도 다음의 세 가지를 포함합니다.

1) 세상 앞에서 그리스도를 구주로 고백하다

첫 번째로 그것은 십자가에 못 박혀 죽으신 그리스도를 세상 앞에서 내 구주와 주로 자랑스럽게 고백하면서 살아가는 것입니다.

만일 우리가 그리스도의 참 제자라면, 당연히 세상도 우리를 그리스도의 제자로 알아야 합니다. 우리의 입의 증거와 삶의 열매를 통하여 그리스도가 명확하게 드러날 것이기 때문입니다. 세상에는 그리스도의 제자처럼 그럴듯하게 행세하고 다니지만 실제로는 그리스도의 참 제자가 아닌 사람들이 많이 있습니다. 그리고 그리스도의 참 제자이지만 그것을 드러내지 못하는 사람들도 많습니다.

"아리마대 사람 요셉은 예수의 제자이나 유대인이 두려워 그것을 숨기더니" (요 19:38).

그러나 예수님은 모든 그리스도인에게 그리스도의 이름과 진리를 부끄러워하지 말고 사람들 앞에서 드러내 놓고 공공연하게 고백하면서 살라고 명령하셨습니다.

그리스도께서 아무도 모르게 은밀하게 십자가에 못 박히셨습니까? 아닙니다. 그리스도는 하늘과 땅이 지켜보는 가운데 공개적으로 십자가에 못 박히셨습니다. 그러므로 그리스도의 참된 제자들도 그리스도와 그리스도의 십자가를 부끄러워하지 않습니다. 그리스도의 진리와 그리스도의 백성들을 부끄러워하지 않습니다.

그리스도의 참된 제자들은 오히려 이 세상을 등지고, 세속적인 모든 것들과 종교로부터 자기 자신들을 분리시킵니다. 그리고 공개적으로 용기 있게, 그러나 온유하게 그리스도의 십자가를 지고 그리스도를 따릅니다.

그리스도의 참된 제자들은 자신이 예수 그리스도의 제자임을 부끄러워하지 않습니다. 평생을 가난하게 살고 이 세상에 왕국을 세우지 않았으며 무식한 어부들을 제자로 삼으셨던 그리스도, 로마의 노예들이나 받는 참혹한 십자가 사형으로 비참하게 죽음을 맞이했던 구주 예수 그리스도, 바로 그분의 제자임을 결코 부끄러워하지 않습니다.

여러분에게 묻겠습니다. 여러분은 예수님을 사랑하십니까? 그렇다면 예수님의 인격이 무시당하는 곳에서, 예수님의 복음이 혐오받는 곳에서, 예수님의 이름이 모욕당하는 곳에서 예수님을 증거하십시오. 그리고 그것을 이 땅에서 여러분이 누릴 수 있는 가장 큰 영예로 여기십시오. 십자가를 지고 예수님을 따라갔던 구레네 시몬처럼 말입니다.

2) 고난을 기꺼이 감당하다

그리스도의 십자가를 짊어진다는 것은 무엇입니까? 두 번째로 그것은 우리가 그리스도의 이름을 고백하고 그리스도의 나라와 진리를 위하여 봉사할 때, 그리스도께서 자신의 무한한 지혜와 사랑 가운데 우리에게 꼭 필요하다고 여기셔서 우리에게 짊어지게 하시는 모든 고난과 고통과 시련을 즐거운 마음으로 기꺼이 감당하는 것을 의미합니다.

예수님을 믿는다는 것은 십자가를 진다는 의미를 포함합니다. 어거스틴(Augustine)은 십자가에 달리신 그리스도를 바라보면서, "내 사랑이 십자가에 못 박혔도다"라고 말하였습니다. 우리는 이렇게 말한 어거스틴의 신앙 정서를 늘 기억해야 합니다.

우리에게 십자가를 짊어지게 하신 분은 우리의 심령이 사랑하는 주님이십니다. 그러므로 주님을 향한 우리의 모든 섬김에는 우리 자신을 부인하는 마음과 자신의 의지를 내려놓는 일과 주님께서 원하시는 일만 행하고 주님을 위하여 기꺼이 고난받는 일이 절대적으로 필요합니다.

사랑하는 여러분, 잠시 생각해 보십시오. 우리의 보잘것없는 섬김을 '희생'이라는 어마어마한 이름으로 불러도 될지 모르겠지만, 우리를 위하여 자신을 아낌없이 희생하신 주님을 위하여 우리 자신을 조금이라도 희생한다는 것은 얼마나 기쁜 일인지요!

예수님을 향한 사랑, 예수님께서 피를 흘리신 그 십자가 아래서 타오르기 시작한 그 사랑이 우리 마음에 있다면, 우리가 아무리 큰 봉사를 하더라도 겸손할 수밖에 없고, 주님의 이름으로 가장 흔한 일을 하더라도 그것은 고귀한 봉사가 됩니다.

3) 죄를 못 박다

그리스도의 십자가를 짊어진다는 것은 무엇입니까? 세 번째로 그것은 죄를 못 박는 삶을 의미합니다. 성경은 이렇게 말씀합니다.

"그리스도 예수의 사람들은 육체와 함께 그 정욕과 탐심을 십자가에 못 박았느니라"(갈 5:24).

"내가 그리스도와 함께 십자가에 못 박혔나니"(갈 2:20).

우리 주님께서 십자가에 못 박혀 대속의 죽음을 죽으심으로써 우리에게 이루어진 것은 하나님과의 화목만이 아닙니다. 주님의 죽으심은, 우리 안에 있는 죄를 죽이고 우리 영혼의 모든 힘과 정욕을 예수님의 통치 아래 굴복시키고자 하는 인격적이고도 효과적인 동기를 우리 영혼에 심었습니다. 그리하여 십자가의 능력으로 자신 안에 있는 죄를 못 박는 사람은 사도 바울이 문자적인 의미로 말했던 것을 영적인 의미로 똑같이 고백할 수 있습니다.

"우리가 항상 예수의 죽음을 몸에 짊어짐은"(고후 4:10).

"내가 내 몸에 예수의 흔적을 지니고 있노라"(갈 6:17).

청교도 존 오웬은 이렇게 말하였습니다. "우리를 위한 그리스도의 죽으심 외에는 우리 안에 남아 있는 죄를 죽일 수 있는 것이 없다."

이와 같은 의미에서 예수님의 십자가를 짊어질 때, 성도는 죄에 대하여 죽고 거룩에 대하여는 살게 됩니다. 그렇습니다. 십자가를 짊어진다는 것은 날마다 죽는 것이며, 날마다 십자가에 못 박히는 것입니다.

하나님의 자녀는 그리스도의 십자가를 그냥 멍하게 바라볼 수가 없습니다. 왜냐하면 그는 예수님이 십자가에 참혹하게 못 박히실 때 자신의 죄도 거기에서 못 박혔다는 것을 분명하게 알기 때문입니다. 그러하기에 하나님의 자녀는 자신의 죄를 대신 짊어지고 십자가에 못 박히신 예수님을 볼 때마다 자기도 자신 안에 남아 있는 죄들을 십자가에 못 박아야 하겠다는 뜨거운 결심을 하지 않을 수 없는 것입니다.

십자가가 비춰 주는 이 엄숙한 빛 아래서 그는 다음과 같은 성경 구절을 읽게 됩니다.

"그가 우리를 대신하여 자신을 주심은 모든 불법에서 우리를 속량하시고 우리를 깨끗하게 하사 선한 일을 열심히 하는 자기 백성이 되게 하려 하심이라"(딛 2:14).

"그리스도께서 하나님 곧 우리 아버지의 뜻을 따라 이 악한 세대에서 우리를 건지시려고 우리 죄를 대속하기 위하여 자기 몸을 주셨으니"(갈 1:4).

그러므로 우리 주님처럼 우리도 지금 걸어가고 있는 삶의 길이 외로움과 고난과 골고다의 슬픔으로 우리를 인도할지라도, 십자가를 지고 묵묵히 그 길을 걸어가야 합니다. 우리 주님께서 우리 어깨에 친히 얹어 주신 이 귀한 십자가를 우리는 혼자서 짊어지지 않을 것이고, 또 감당할 수 없을 정도로 오래 짊어지지도 않을 것입니다. 우리가 지고 있는 십자가의 가장 무거운 쪽을 그리스도께서 우리와 함께 지고 계시기 때문입니다. 그리고 머지않아 우리는 우리가 지고 있는 이 십자가를 내려놓고 저 영원한 안식, 곧 하나님의 백성들을 위하여 예비된 영원한 안식에 들어갈 것이기 때문입니다.

3장 십자가의 외로움
The Solitude of the Cross

이르시되 내게는 너희가 알지 못하는 먹을 양식이 있느니라
_요 4:32

　　　　　　　　　　그리스도의 십자가는 하나님의 빛처럼 경이 롭고도 숭고한 외로움 속에 홀로 서 있습니다. 이런 관점에서 그리스도의 십자가를 보면, 십자가가 그리스도인이 경험하는 어떤 특별한 단계와 딱 맞아떨어진다는 것을 알 수 있습니다.

　그리스도께서 걸어가신 길은 참으로 외로운 길이었습니다. 그 길은 아무도 걸어 본 적이 없는 길이었습니다. 물론 주님의 주위에는 주님의 슬픔을 바라보면서 눈물을 흘리는 사람들도 있었습니다. 그러나 아무도 그리스도께서 느끼시는 슬픔의 그 처절하게 깊은 외로움까지 달래 줄 수는 없었습니다. 뿐만 아니라 그리스도께서는 아무도 입도 대 본 적이 없는 진노의 잔을 마셔야 했습니다.

　베들레헴에서 갈보리까지, 갈보리에서 감람산까지, 감람산에서 천국까

지, 그리스도는 늘 외로움 속에서 여행을 하셨습니다. 물론 예수님은 언제나 많은 무리에게 둘러싸여 있었습니다. 그러나 그 가운데서도 예수님은 언제나 혼자이셨습니다. 물론 예수님에게는 친구들도 많이 있었습니다. 그러나 참으로 예수님의 깊은 외로움을 달래 줄 친구는 한 사람도 없었습니다. 이런 외로움 때문에 예수님이 느끼셨던 쓸쓸함은 더욱 컸으며 뼈에 스미는 고통이 되었습니다.

군중 속에서 느끼는 외로움만큼 고통스럽고도 처절한 외로움은 없습니다. 수천 명의 사람들과 대화를 나누는데도 정말로 마음이 통하는 사람이 한 명도 없을 때 느끼는 그 외로움! 수천 명의 사람들이 우리를 안아 주는데도 진정으로 우리를 이해해 주고 사랑해 주는 사람이 한 사람도 없을 때 느끼는 그 외로움! 그리고 이 세상에서 가장 아름답고 행복하다는 집을 다 다녀 보아도 우리가 안심하고 쉴 만한 곳이 한 곳도 없다는 사실을 알게 될 때 느끼는 그 외로움! 이런 외로움은 정말 뼈에 스미는 처절한 외로움입니다.

우리 주님께서 걸어가신 길이 그러했습니다. 물론 우리 주님 주변에는 주님을 사랑하는 사람들이 있었습니다. 주님을 동정하며 위로하는 사람들도 있었습니다. 주님을 도와주는 친절한 사람들도 있었습니다. 그러나 우리 주님은 깊고도 슬픈 의미로 이렇게 말씀하셨습니다.

"내게는 너희가 알지 못하는 먹을 양식이 있느니라."

예수님의 말씀은 이런 뜻입니다. "내게는 완수해야 할 사명이 있고, 마쳐야 할 일이 있으며, 감당해야 할 고난이 있고, 걸어가야만 하는 길이 있다. 그런데 이 모든 것은 하늘에 있는 천사도 땅에 있는 사람도 전혀 알지 못하는 것이요 알 수도 없는 것이다."

이런 측면에서 예수님의 십자가를 바라보면, 예수님의 십자가는 그리스도인이 경험하는 특별한 상황, 곧 그리스도인만이 아는 외로움과 딱 맞아떨어집니다. 그리스도인에게는 하나님의 생명이 심겨 있는데, 그 생명은 감추어진 생명이라서 아무도 알아보지 못합니다. 그 생명의 위치, 그 생명의 원리, 그 생명의 여러 가지 활동은 모두 신비의 베일에 깊이 가려져 있습니다.

그러하기에 예수님을 믿는 그리스도인이 걸어가는 길은 우리 주님이 걸어가신 길과 많은 부분에 있어서 반드시 닮게 되어 있습니다. 우리 주님처럼 자신의 사명과 고난에 관하여 다른 사람들을 향해 "내게는 너희가 알지 못하는 먹을 양식이 있다"라고 말할 수 있는 사람은 오직 그리스도인뿐입니다.

그러므로 오늘 본문에 기록된 우리 주님의 놀라운 말씀을 살펴보되, 먼저 우리 주님과 관련하여 그 뜻을 알아보고, 그런 다음에는 이 말씀이 그리스도인의 삶에 어떻게 연결되는지를 알아보도록 하겠습니다.

1. 구원 사역을 이루기 위한 예수님의 외로움

여러분이 생각할 때, 예수님이 걸어가시기에 가장 적당한 길은 어떤 길일 것 같습니까? 아마 많은 사람들이 오늘 본문에 기록된 이 외로운 길이 예수님에게 가장 적당한 길이라고 생각할 것입니다. 누구도 다 헤아려 알 수 없는 예수님의 영광스러운 인격과 누구도 다 이해할 수 없는 예수님의 고귀한 사명과 삶을 생각해 볼 때, 이 외로운 길 이외의 다른 길은 예수님에게 결코 어울리지 않을 것이기 때문입니다.

그렇습니다. 예수님은 자기 자신만의 단독 궤도를 따라 돌고 도는 태양에 비유될 수 있는 하나님이셨습니다. 예수님의 단독 궤도는 하나님이 아니고서는 어느 누구도 돌 수 없는 광대한 궤도였습니다.

예수님께서 사람의 모습으로 이 세상에 오셔서 걸어가셨던 그 길 역시 너무나 숭고하여 어느 누구도 감히 함께 갈 수 없는 길이었습니다. 예수님의 삶의 목표와 그분이 당하신 슬픔, 그리고 예수님이 누리셨던 기쁨은 너무나 독특하여 다른 사람이 아는 체조차 할 수 없는 것이었습니다.

그리스도의 인성은 감수성이 매우 강하였습니다. 그리스도는 생각이 깊은 마음을 가지고 태어나셨습니다. 그분은 한적한 곳을 좋아했고 고독을 추구했으며 광야에 홀로 있는 것을 즐거워하셨습니다. 그렇게 하여야 하나님과 단독으로 교제할 수 있었기 때문입니다.

예수님에게는 완수해야 할 사명이 있었습니다. 그 사명은 예수님만이 아시고 혼자 감당해야 할 독특한 사명이었습니다. 그 어떤 사람이든 그 어떤 천사든 예수님을 이해하거나 도와줄 수 없었습니다.

예수님은 하나님이셨지만 죄 없는 인성을 취하셨습니다. 예수님은 절대자 하나님이신 동시에 완전한 사람이 되셨습니다. 그래서 예수님이 맡으신 사명은 오직 예수님만이 완수할 수 있었습니다. 그 어떤 피조물도 예수님이 받으신 저주를 나누어 받을 수 없었고, 예수님이 짊어지신 짐을 함께 질 수 없었으며, 예수님이 걸어가신 형벌의 길을 함께 길이갈 수 없었습니다.

사랑하는 여러분, 우리의 구원이 성취되는 데 있어서 우리가 한 일은 하나도 없습니다. 우리가 구원받은 것에 대하여 우리가 칭찬받을 만한 일도 전혀 없습니다. 우리는 그런 것과 아무런 상관도 없는 사람입니다. 우리의 구원은 하나님이면서 동시에 사람이신 예수님의 고유한 업적이기 때문입니다. 우리의 구원은 성육신하신 하나님께서 누구의 도움도 받지 않고 단독으로 성취하신 일입니다. 그러므로 그 찬란한 영광은 오직 예수님께만 돌아가야 합니다.

그러나 여기에서 한 가지 생각할 것이 있습니다. 우리 주님은 지금까지 이 세상을 거쳐 간 모든 사람들 중에서 가장 외로운 삶을 사셨지만, 결코 이기적이거나 추한 삶을 살지는 않았다는 것입니다. 오히려 우리 주님처럼 자기 자신을 돌보지 않고 순전히 다른 사람들을 위하여 헌신하는 삶을 사신 분도 없습니다. 우리 주님은 지금까지 이 세상을 거쳐 간 모든 사람들 중에서 가장 이타적인 분이셨습니다. 성경은 예수님의 삶을 한마디로 이렇게 설명합니다.

"그가 두루 다니시며 선한 일을 행하시고"(행 10:38).

우리 주님은 한적한 곳도 무척 좋아하셨지만, 사람들을 더 좋아하셨습니다. 그래서 주님은, 사람들을 고치고 위로하며 축복해야 할 일이 있으면 언제든지 망설이지 않고 기꺼이 차분한 안식을 주는 조용한 산에서 내려와 소란하고 복잡한 도시 가운데로 들어가셨습니다. 또한 주님은 공생애를 사시는 동안 기진맥진할 정도로 많은 수고를 하셨고, 식사할 겨를이 없을 정도로 바쁘게 일하셨습니다.

그러나 그런 가운데서도 주님의 심령은 마치 긴 사막을 오랫동안 혼자 걸어가는 것처럼 외롭고 쓸쓸할 때가 많았습니다. 예수님의 말씀대로, 예수님에게는 사람들이 전혀 알 수 없는 양식이 있었던 것입니다.

또한 예수님은 그 인격 때문에도 외로움을 많이 겪으셨습니다. 심지어 예수님이 사랑하셨던 제자들도 예수님의 인격을 온전히 알지 못했습니다

다. 제자들은 항상 예수님과 함께 있었고 예수님의 사랑을 받았으며 예수님의 깊은 심정도 들었지만, 그분의 인격을 온전히 알지는 못했습니다.

제자들이 그 정도였으니 일반 사람들은 더 말할 것도 없었습니다. 사람들은 예수님의 말씀을 오해했고, 예수님의 행동을 왜곡해서 받아들였으며, 예수님이 아무리 순수하고 솔직하게 행동을 해도 늘 색안경을 쓰고 바라보았습니다. 왜 그랬을까요? 예수님은 하나님이 아니고서는 아무도 알 수 없는 길을 홀로 걷고 계셨기 때문입니다.

우리 주님은 슬픔과 고난 속에서도 언제나 외로우셨습니다. 이런 점에서 주님의 십자가는 홀로 서 있었다고 말할 수 있습니다. 우리 주님께서 받으신 진노의 잔을 함께 나누어 마신 사람은 아무도 없었습니다. 우리 주님께서 감당하신 고난을 조금이라도 나누어 감당한 사람도 아무도 없었습니다. 우리 주님께서 완성하신 구원 사역에 조금이라도 동참한 사람 역시 아무도 없었습니다. 일찍이 성경은 예수님에 관하여 이렇게 예언하였습니다.

"만민 가운데 나와 함께한 자가 없이 내가 홀로 포도즙 틀을 밟았는데"(사 63:3).

이 예언이 그대로 이루어진 것입니다.

우리 주님은 날마다 주어지는 여러 가지 크고 작은 시련과 곤란한 일들도 외롭게, 그러나 아무런 불평 없이 홀로 견디셨습니다. 감수성이 풍부하고 순결한 사랑이 가득하신 주님이 어느 누구에게 자신의 고통을 털어놓고 위로를 받으실 수 있었겠습니까?

그러나 더 놀라운 사실이 있습니다. 우리 주님은 자신의 교회를 구원하는 사역을 감당하시면서 그 영혼에 더 깊은 고통을 홀로 맛보셨다는 것입니다. 혼자서 감당해야 하는 그 고통이 얼마나 크고도 깊었던지, 예수님은 제자들에게 이렇게 말씀하셨습니다.

"내게는 너희가 알지 못하는 먹을 양식이 있느니라."

이 말씀을 통하여 우리는 주님께서 자신의 삶에서 추구하신 오직 한 가지 목적이 무엇이었는지를 알게 됩니다. 우리 주님의 음식과 음료는 성부 하나님의 뜻을 준행하고 하나님께서 맡기신 일을 완수하는 것이었습니다. 오직 이것만을 위하여 주님은 이 땅에 사셨고 수고하셨으며 고난받으셨고 피 흘리셨으며 죽으셨습니다. 바로 이것이 우리 주님의 양식이었습니다. 바로 이것이 주님의 삶을 지탱해 주는 자양분이었습니다. 인간을 구원함으로써 하나님의 영광을 드높이는 것! 바로 이 한 가지 숭고한 목적을 위하여 주님은 하루하루를 사셨습니다.

여기에서 우리는 얼마나 엄숙한 진리를 배우게 되는지요! 과연 우리는 제대로 된 목표를 정해 놓고 삶을 살아가고 있습니까? 우리는 하나님의 뜻을 준행하고 있습니까? 우리가 정한 삶의 목표, 곧 지금 우리가 모든 재능과 시간, 영향력과 재물을 사용하고 있는 삶의 목표는 과연 우리가 전심전력할 만한 가치가 있는 것입니까? 나중에 하나님의 칭찬을 받을 만한 가치가 있는 것입니까?

사랑하는 여러분이여, 무가치하고 무의미한 삶을 살지 않도록 주의하십시오. 예수님은 하나님의 뜻을 준행하는 것을 자신의 유일한 음식과 음료로 삼으셨습니다. 그렇다면 여러분의 음식과 음료는 무엇입니까? 여러분은 예수님을 위하여 무엇을 하고 있습니까? 여러분은 하나님의 영광을 위하여 무엇을 하고 있습니까? 여러분은 다른 사람들의 참된 행복을 위하여 무엇을 하고 있습니까?

사랑하는 여러분, 기억하십시오. 지금 여러분에게 있는 모든 재능에 대하여 언젠가 하나님 앞에 서서 회계하게 될 것입니다. 머지않아 죽음이 여러분을 찾아올 것이고, 여러분은 하나님의 심판대 앞에 설 것입니다.

그러므로 하나님의 자녀여, 열심히 하나님의 뜻을 준행하십시오. 이 세상의 아름다운 것들과 즐거움과 편안함을 향하여 이렇게 말하십시오.

"내게는 너희가 알지 못하는 먹을 양식이 있느니라."

그리스도께서는 보잘것없는 우리를 위하여 십자가를 지고 고통받으셨습니다. 그러하기에 우리가 평생 존귀하신 그리스도를 위하여 수고하는 것은 지극히 마땅하고 당연한 일입니다. 예수님을 섬기는 것이 당연히 우리의 매일의 양식이 되어야 합니다.

우리는 평생 동안 예수님을 섬기는 일을 멈추지 말고 계속해야 합니다. 어려운 일을 만났다고 포기해서는 안 됩니다. 반대에 부딪혔다고 낙심해서도 안 됩니다. 우리에게 주어진 단 한 번의 삶은 실제이며 너무나 숭고합니다. 그리고 이 삶을 어떻게 사느냐 하는 것은 우리의 영원한 미래와 직결됩니다. 그러므로 결코 이 삶을 소홀하게 살아서는 안 됩니다.

저는 여러분에게 한 번 더 묻고 싶습니다. 여러분은 어떤 목표를 세워 놓고 살고 있습니까? 여러분은 여러분의 주님과 다른 사람들을 위하여 살고 있습니까? 여러분은 그리스도와 이웃을 사랑하는 마음을 가슴에 늘 품고 살고 있습니까? 여러분이 접촉하게 되는 모든 사람의 유익을 도모하는 가운데 하나님의 영광을 드높이는 것이 여러분의 진정한 목표입니까? 여러분의 주님이신 그리스도를 더욱더 영화롭게 하는 것이 과연 여러분의 삶의 목표입니까?

정말로 여러분은 그리스도 안에서 살고 있습니까? 우리가 가장 소중히 여기고 보배롭게 여기는 모든 것들을 그리스도에게 바칠 때 비로소 인생이 가치 있게 된다고 확신하면서 살고 있습니까? 하나님의 진리를 세상에 널리 전하고 그리스도의 나라를 확장시키며, 아직 구원받지 못한 죄인들을 이끌어 하나님의 구원에 참여하게 하는 것이 우리 삶의 목표입니까?

우리는 은혜로 말미암아 그리스도의 핏값으로 속량받은 하나님의 자녀들입니다. 또한 그리스도의 부활하심으로 말미암아 구원받은 하나님의 자녀들입니다. 그러므로 우리 모두 그리스도를 위하여 땀 흘리는 것을 우리의 휴식으로 여기고, 그리스도를 위하여 고난받는 것을 우리의 즐거움으로 여기며, 그리스도를 위하여 봉사하는 것을 우리의 양식으로 여기도록 합시다.

"노예선의 노예들은 노 젓기를 쉬어도
전쟁터의 군인들은 투구 쓰고 잠을 자도
산과 들에 평화가 집을 짓고 살아도
너, 그리스도인이여!
그대는 결코 쉬어서는 안 되도다."

그렇습니다. 그리스도인은 결코 쉬어서는 안 됩니다. 천국에 가면 주님 앞에서 영원토록 쉬게 될 것입니다. 그런데 어느 누가 감히 이 땅에서 그리스도 섬기는 일을 그만두고 일찌감치 쉬겠다고 하겠습니까?

그리스도의 사랑을 생각해 보십시오. 그리스도의 사랑을 생각하면, 아무리 고생스러운 일도 기쁜 일이 됩니다. 그 사랑을 생각하면, 그리스도의 종으로 섬기는 것이 완전한 자유로 느껴지며, 주님께서 우리에게 얹어 주신 모든 짐이 솜털처럼 가볍고도 쉬운 일이 됩니다. 그러므로 날마다 주님께 이렇게 여쭙도록 합시다. "주님, 제가 무엇을 하기를 바라십니까?"

이렇게 정직한 마음으로 주님을 바라보노라면, 주님께서 여러분에게 맡기고 싶어하시는 일이 무엇인지가 선명하게 보일 것입니다(막 13:34 참고). 그러므로 주님께서 여러분에게 어떤 일을 맡기셨는지, 또 주님이 오실 때까지 여러분이 어떤 일로 바쁘기를 원하시는지 기도로 여쭈어 보십시오.

여러분이 그 일을 맡아 수고할 때, 어쩌면 깊은 외로움을 느낄 때도 있고 다른 사람들이 알 수도 없고 알지도 못하는 고통을 겪을 때도 있을 것입니다. 그러나 그럴 때마다 불평하지 말고 여러분이 서 있는 그 자리를 바라보면서 "죽으나 사나 이곳이 내 일터이다"라고 크게 외치십시오. 그런 다음에 하늘을 바라보면서 "내가 쉴 곳은 저곳에 있다"라고 크게 외치십시오.

2. 그리스도인의 외로움

우리 주님께서 이 세상을 살면서 느끼셨던 외로움과 그리스도인이 이 세상을 살면서 느끼는 외로움은 닮은 데가 있습니다. 이제 이것에 관하여 말씀드리고자 합니다. 그런데 제가 이것에 관하여 말씀드리는 것은 금욕적인 신앙을 선전하려는 것이 절대 아닙니다. 분명히 말씀드리지만, 기독교 신앙은 절대 금욕주의가 아닙니다.

물론 기독교 신앙에는 묵상이나 명상이라는 요소가 있습니다. 그러나 기독교에서 말하는 묵상이나 명상은 수도원적인 묵상이나 명상과는 전혀 관계가 없습니다. 물론 기독교 신앙은 사랑의 신앙입니다. 그러나 그 신앙은 감상주의와 전혀 관계가 없습니다. 물론 기독교 신앙은 신비에 싸인 신앙입니다. 그러나 그것은 감추어져 있어서 도무지 알 수 없는 그런 신앙은 아닙니다. 물론 기독교 신앙은 배울 것이 많은 신앙입니다. 그러나 배우기만 하고 실천은 없는 그런 신앙이 아닙니다.

1) 영적 성장을 이루는 외로움

우리 주님의 짧지만 힘든 삶을 지탱해 주었던 감추어진 만나, 곧 그리스도의 십자가의 외로움은, 그를 따르는 제자들의 삶에도 희미하더라도 어느 정도는 반드시 있는 요소입니다.

먼저 하나님의 교회의 참된 성격을 예로 생각해 보십시오. 하나님의 참된 교회는 사람의 눈으로 볼 수 있는 교회가 아닙니다. 그것은 사람의 눈에 보이지 않는 교회입니다. 물론 우리는 이 땅에 존재하는 교회를 일컬어 '겉으로 드러나 보이는 교회'라는 표현을 사용합니다. 그러나 참으로 구원받은 백성들로만 구성된 참된 교회는, 사도 요한이 요한일서 3장 1절에서 "세상이 우리를 알지 못함은"이라고 말했던 것처럼 세상이 알 수 없는 교회입니다.

이번에는 신자에게 주어진 영원한 생명의 성격을 예로 생각해 보십시오. 신자에게 주어진 영원한 생명은 사람의 영혼에 부여된 하나님의 생명입니다. 그런데 성경은 그 생명을 가리키면서 다음과 같이 강조합니다.

"너희 생명이 그리스도와 함께 하나님 안에 감추어졌음이라"(골 3:3).

그렇습니다. 세상 사람들의 눈에는 신자에게 주어진 하나님의 생명이 보이지 않습니다. 물론 그 생명이 신자의 외적인 행동을 통하여 세상에 알려지는 경우도 있습니다. 그러나 그것마저도 오해를 받거나 왜곡되는 경우가 더 많습니다.

그런데 더 놀라운 사실은 성도 자신에게도 그 생명이 보이지 않는다는 것입니다. 그 생명은 매우 희미하게 보일 때가 많기 때문에 우리가 인식하기 어렵습니다. 또한 만물 중에서 가장 깊이 감추어져 있습니다. 그 생명의 존재와 여러 가지 갈망, 그 생명이 겪게 되는 여러 가지 낙심과 패배와 승리는 오직 하나님에게만, 곧 그 생명이 가장 확실하게 살아서 활동하며 존재하는 하나님에게만 알려져 있습니다.

그렇다면 이 생명의 성장에 관하여 잠시 생각해 보겠습니다. 신자의 영혼에 새겨진 하나님의 생명이 가장 강력하게 힘을 얻고 성장하는 때는 십자가의 외로움 속에 처해 있을 때입니다. 이 생명은 십자가의 외로움이라는 거룩한 그늘 아래서만 성장하는 하나님의 나무인 것입니다.

그러므로 만일 우리가 정말로 은혜 안에서 성장하고 싶다면, 화려하고도 빛나는 이 세상 것들을 등지고 자주 겟세마네 동산의 엄숙한 그늘과 갈보리의 더 깊은 고독 속으로 들어가야만 합니다. 바람처럼 보이지도 않고 이슬처럼 소리도 없지만, 이러한 고독이 주는 영향력은 우리의 실제적인 거룩을 가장 활력 있게 만들고 가장 높여 줍니다.

아, 수많은 그리스도인들과 함께 겟세마네의 그늘과 갈보리의 고독 안에 자리를 잡고 앉는다는 것은 얼마나 복된 일인지요! 십자가의 외로움을 경험하신 놀라운 주님 옆에서 조용히 거룩의 진보를 이룬다는 것은 얼마나 복된 일인지요! 무르고 연약한 덩굴이 다른 식물의 줄기에 자신의 몸을 칭칭 휘감는 것처럼, 저 영광스러운 생명나무에 우리 자신을 온전히 붙들어 맨다는 것은 얼마나 복된 일인지요! 그러므로 우리 주님의 초대의 말씀을 자주 마음에 기억하십시오.

"너희는 따로 한적한 곳에 가서 잠깐 쉬어라"(막 6:31).

지금도 우리 주님은 여러분에게 손을 내밀고 계십니다. 그 손이 이끄는 대로 조용히 따라가서 십자가의 외로움 아래 거하도록 하십시오.

자연의 힘 가운데 어떤 것들은 매우 강력할 뿐만 아니라 대자연에 활력을 불어넣어 주는 역할을 함에도 불구하고 의외로 가장 부드럽고 보이지도 않습니다. 우리의 영혼에 활력을 가장 많이 불어넣어 주는 힘도 그렇습니다. 신자를 영적으로 가장 크게 성장시켜 주는 힘도 사실 알고 보면 가장 깊이 숨겨져 있어서 잘 보이지 않는 그런 영적인 영향력입니다.

예를 들면, 마음을 살피기 위하여 한적한 곳으로 물러나는 것, 소란하고 복잡한 일상에서는 우리가 내뱉은 말들과 행한 일들을 하나님의 말씀에 비추어 면밀하게 점검하기가 어렵기에 그 일을 위하여 혼자만의 시간을 갖는 것, 하나님의 말씀을 조용히 연구하기 위하여 은밀한 시간을 갖는 것, 하나님과 일대일로 교제하기 위하여 골방으로 들어가는 것 등입니다. 바로 이런 일들이 우리의 영적 성장을 위해 반드시 필요한 일들인 것입니다.

"오, 주님 이 세상을 떠나
싸움과 소란한 일들을 멀리 떠나
사탄이 아직도 성공리에
전쟁하고 있는 장소를 멀리 떠나
주께로 피하나이다.

한적한 장소와 구석진 조용한 곳은
기도와 찬양이 어울리는 곳.
주님의 감미로운 은혜가 넘치는 그곳은
주님 따르는 자들을 위해 만들어졌나이다.

그곳에서 주의 성령 우리 영혼을 만지시고
잔잔하게 우리 안에 머물러 계시면
아, 우리 영혼 얼마나 큰 평화와 기쁨과 사랑으로
우리 주 하나님과 교제하게 되는지요!"

그렇습니다. 주님의 처절한 외로움을 바라보면서 특별한 위로를 느낄 수 있는 사람은, 하나님의 섭리 가운데 이런저런 모양으로 다른 사람들과 멀리 떨어져 있는 사람일 것입니다.

혹시 여러분은 많은 친구들 사이에서 진정한 친구가 한 사람도 없다는 느낌으로 괴로워하고 있습니까? 다른 사람들과 이런저런 활동을 함께 하고 있지만, 영적인 활동을 함께 할 수 없어서 진한 외로움을 느끼며 괴로워하고 있습니까? 다윗과 같이 지붕 위에 혼자 앉아 있는 참새처럼 외로워서 괴로워하고 있습니까? 하나님께서 여러분을 그런 상황 속에 두셨습니까? 그렇다면 그것은 여러분의 하늘 아버지이신 하나님께서 여러분에게 꼭 필요하다고 판단하시어 주시는 훈련입니다.

지금 여러분은 우리 주님이신 그리스도께서 걸어가셨던 길을 걷고 있는 중입니다. 지금 여러분은 우리 주님이 맛보셨던 외로움을 누구보다 가까이 맛보고 있는 중입니다. 혹시 여러분이 겪고 있는 처절한 외로움을 아무도 모를 것이라고 생각하십니까? 처절한 외로움을 겪고 있는 여러분과 함께해 줄 이가 아무도 없다고 생각하십니까? 결코 그렇지 않습니다. 비록 사람들은 여러분의 외로움을 모르고 여러분과 함께하지 않아도, 예수님은 그 어느 때보다 여러분과 가까이 계시며 함께하십니다.

피조물을 멀리하면 멀리할수록 우리는 하나님께 더 가까이 나아갈 수 있습니다. 물론 그렇다고 해서 사람들과 교제하고 마음을 나누는 일이 주는 행복과 위로까지 쓸모없다고 무시해서는 절대 안 됩니다. 우리는 지적이고도 사회적인 존재로 창조되었기 때문에 사람들과 교제하고 마음을 나누는 일에서 행복과 위로를 찾게 되어 있습니다. 예수님도 그런 행복과 위로를 바라셨습니다. 그러므로 예수님보다 못한 우리들이 그런 행복과 위로를 절대 무시하고 살아서는 안 됩니다.

어떤 사람들은 그런 행복과 위로가 전혀 없어도 얼마든지 잘 살 수 있다고 큰소리칩니다. 그러나 그것은 순전히 억지 주장일 뿐입니다. 또한 그것은 기독교 신앙이 우리에게 주는 가장 거룩하고도 달콤한 특권 중의 하나인 '성도의 교제'를 무시하는 잘못입니다.

그러나 만일 우리의 아버지이신 하나님께서 우리를 깊은 외로움 가운데 살아가도록 하신다면, 우리는 사람들이 주는 행복과 위로를 뛰어넘는 성령의 더 깊은 가르침을 기대하면서 그 길을 기쁨으로 걸어갈 수 있습니다. 또 십자가를 더 가까이 경험함으로써 얻게 되는 여러 가지 복들을 더 인격적으로 경험할 것을 기대하면서 그 길을 기쁨으로 걸어갈 수 있습니다.

2) 하나님과의 참된 교제가 있는 외로움

이렇게 외로운 십자가의 길을 기쁨으로 걸어가는 성도들에게는 다른 사람들이 알지 못하는 비밀스러운 양식이 있습니다. 많은 사람들이 단순히 소란한 것들을 먹고 살지만, 이런 성도들은 비밀스러운 만나를 먹고 삽니다.

놀라운 것은 외로운 십자가의 길을 걸어갈 때 그리스도께서 우리와 함께하신다는 것입니다. 이런 외로움을 경험하도록 우리를 이끄신 분이 그리스도이십니다. 그러므로 그리스도께서는 우리와 함께하시면서 그 외로움을 거룩하고도 달콤한 외로움으로 만들어 주십니다.

도시 한복판에서 수많은 사람들에 둘러싸여 날마다 소란한 일상에 파묻혀 살 때는 그리스도를 잃어버렸지만, 사막의 조용한 외로움 속에서는 그리스도를 발견합니다. 이 세상의 쾌락이 내는 요란한 소리 때문에 파묻혀 들리지 않던 그리스도의 음성도 기도라는 거룩한 고요함 속에 들어가게 되면 선명하게 들을 수 있습니다.

아마도 여러분 가운데 어떤 분들은 예배당에서 드려지는 자극적인 예배, 현란한 달변과 황홀한 음악이 있는 자극적인 예배에서는 사랑하는 그리스도를 발견하지 못하고 이후에 골방이라는 거룩한 외로움 속으로 들어가 본 적이 있을 것입니다. 그리고 그렇게 찾아 들어간 골방의 그 장엄한 고요함 속에서 예수님이 여러분에게 가까이 오시고, 여러분의 영혼은 잔잔한 평안을 누리는 가운데 예수님이 들려주시는 잔잔하고도 가느다란 사랑의 음성을 들은 적이 있을 것입니다.

이전에 여러분은 예수님의 포도원인 교회에서 일어나는 여러 가지 활동 속에서 그리스도를 찾아보려고 애를 썼습니다. 그러나 정작 그리스도와 교제할 수 있었던 곳은 그리스도의 십자가의 외로움 속이었습니다.

부족하지만 지금까지 저는 이와 같은 영적인 은거가 우리에게 더욱더 필요하다는 것, 더 자주 하나님과 일대일로 깊이 교제하는 일이 우리에게 필요하다는 것을 여러분에게 간곡히 말씀드렸습니다. 이것이 사실 초대 교회 신앙과 초대 교회 성도들의 가장 크고도 두드러진 특징이었습니다.

그런데 오늘날은 상황이 많이 달라졌습니다. 저는 우리가 살고 있는 이 시대의 종교적인 성향 때문에 더욱 앞서 말씀드린 영적인 은거가 필요하다고 믿습니다. 그리고 이런 영적인 은거가 깊이 스며들어 있는 기독교 신앙이 오늘날 유행하고 있는 '행사와 활동으로 요란한 기독교 신앙'의 병폐를 고칠 수 있는 가장 효과적인 해독제 중 하나가 될 것이라고 믿습니다.

저는 이 시대의 기독교가 왜 영적인 은거를 무시하고 활발한 활동에만 몰두하는지 도대체 그 이유를 모르겠습니다. 영적인 은거와 활발한 활동, 이 두 가지는 반드시 함께 있어야 합니다. 우리 주님은 이 두 가지를 함께 행하셨던 보기 드문 탁월한 모본이셨습니다.

우리 주님은 열두 명의 제자들 가운데 어느 누구보다도 활동의 필요성을 더 무한히 느끼셨습니다. 우리 주님은 사람들을 섬기기 위해 오셨습니다. 그러하기에 우리 주님의 눈에는 언제나 죄악 가운데 눌러앉아 있는 이 세상이 말할 수 없이 심각하게 보였습니다. 그래서 우리 주님은 이 세상을 구원하는 일에 자기 자신을 전적으로 헌신하셨습니다.

또한 동시에 성경은 우리 주님에 대하여 이렇게 기록합니다.

"새벽 아직도 밝기 전에 예수께서 일어나 나가 한적한 곳으로 가사 거기서 기도하시더니"(막 1:35).

예수님은 '두루 다니시며 선한 일을 행하시는'(행 10:38 참고) 가운데 그렇게 하셨습니다. 예수님의 음식과 음료는 하나님 아버지의 뜻을 행하는 것이었습니다. 그래서 예수님은 아침 일찍 일어나 한적한 곳으로 물러나서 하나님과 일대일로 교제할 수 있는 시간을 가지셨습니다.

우리가 너무 자주 잊어버리는 사실이 있습니다. 바로 하나님의 교회가 행하는 모든 사역들은 오직 기도라는 동력에 의해서만 실행되고 유지될 수 있다는 사실입니다. 저는 자신 있게 말씀드릴 수 있습니다. 만일 우리 자신을 깊이 돌아보면서 많은 기도 속에 하나님과 교제하는 기독교 신앙이 우리에게 좀 더 많이 있다면, 사변적이고도 연극적인 기독교 신앙이 지금처럼 유행하지는 않을 것입니다.

또한 지금처럼 사역 목표가 같은데도 여러 개의 조직으로 뿔뿔이 흩어져 사역하는 기독교 기관들도 훨씬 줄어들 것입니다. 그 대신에 똑같은 목표를 가진 기관들이 연합하여 집중적으로 사역함으로써 더 효과적이고 더 부지런히, 또 더 실제적이고도 뚜렷하게 열매를 맺게 될 것입니다.

하나님의 교회는 사람이 만든 기구나 조직을 덜 의존하고 성령의 임재와 능력에 더 의존해야 합니다. 그런데 성령의 임재와 능력은 기도의 능력이 있을 때 누릴 수 있습니다. 그러므로 세상에 적극적으로 들어가서 항상 분주하게 사역하고 놀라운 반응을 일으키는 그리스도인들이 가장 유능한 그리스도인이라고 생각하는 것은 큰 오해입니다.

흔히 그리스도인들은 자기들과 함께 뜻을 모아 사역하는 사람들의 숫자나 그 사역이 불러 일으키는 반향의 정도를 기준으로 삼아 자기들의 유용함이나 사역의 성공 여부를 측정하는 경향이 있습니다. 자기들의 사역을 후원하는 돈의 액수에 따라 하나님의 복 주심의 분량을 측정하는 일이 얼마나 많은지요! 이것은 참으로 잘못된 생각입니다. 골방에서 하나님과 씨름하는 가장 겸손한 그리스도인이 세상에서 가장 큰 기독교 기관보다 더 강력할 수 있습니다.

"대양을 가르며 전진하는 저 거대한 배를 보라.
단단한 뱃머리가 파도와 부딪쳐 물보라를 만드는 것을 보라.
우렛소리 같은 엔진 소리를 들어 보라.
저 거대한 배가 물살을 가르고 신속히 나아가는 것을 보라.
저 큰 배를 자기 뜻대로 움직이고,
폭풍우가 들끓고 길이 따로 없는 저 대양 위에서 그 갈 길을 정하며,
배의 모든 힘을 통제하는 사람은,
갑판 위의 한적한 곳에서 가장 조용하게 있는 사람이다.
나침반에 시선을 고정시키고 손으로는 조타 장치를 잡고 있는 사람이다"
_기가르(Gigar).

골방에서 하나님과 독대하며 기도하는 그리스도인의 힘이 그와 같습니다. 태풍에 휘감긴 하늘 아래서 거품 이는 큰 물결을 헤치며 나아가는 용감한 배처럼, 그리스도의 복음은 믿음이 실린 기도의 능력으로부터 가장 강력한 힘을 공급받습니다.

비록 신체가 마비되거나 수개월 동안 질병으로 침대에 누워 있거나 남들이 알아주지 않는 무명의 성도라고 하더라도, 그 자리에서 하나님과 은밀히 동행하면서 기도라는 강력한 씨름을 통하여 하나님의 교회의 조타 장치를 굳건하면서도 강력하게 붙잡는 사람, 그리하여 모래톱을 피하고 태풍을 뚫고 나가도록 하나님의 교회를 인도하는 사람! 그 한 사람의 성도가 사람의 눈에 드러나는 가장 강력한 힘이 있는 기독교 기관보다 이 세상에

서 주님의 나라를 확장시키는 일에 훨씬 더 유용할 수 있습니다.

앞에서 이미 우리는 자연의 힘 중에서 가장 강력하고도 영향력이 큰 것들이 의외로 사람의 눈에 보이지 않고 조용하다는 사실을 살펴보았습니다. 은혜의 나라에 있어서도 그것은 마찬가지입니다. 복음을 널리 전파하고 악을 뿌리 뽑으며 영적인 무지를 제거하고 죄인들을 그리스도께로 인도하는 일에서 가장 강력하고도 효과적이며 생산적인 개인이나 기관은, 늘 은밀하게 하나님과 기도로 씨름하는 사람들입니다.

물론 외모를 중요하게 생각하는 사람의 눈에는 이런 사람들이 별 매력이 없어 보일지도 모릅니다. 그러나 중심을 보시는 하나님의 눈에는 이런 사람들이 사실은 가장 보배롭게 보입니다.

이제 말씀을 맺겠습니다. 우리 모두 주님을 본받읍시다. 우리 주님의 음식은 하나님 아버지의 뜻을 행하는 것이었습니다. 그러므로 우리 주님을 본받아 우리 모두 썩을 음식이 아니라 영원한 음식을 위하여 수고합시다.

이러한 삶을 살다 보면, 사람들이 알아주지 않고 도와주지 않으며 동정해 주지도 않는 길에 우리 혼자 뚝 떨어져 눈물에 젖은 빵을 먹게 될 수도 있습니다. 성도들과 세상 사람들이 결코 알지 못하는 그런 음식을 먹게 될 수도 있습니다. 그러나 그때에도 우리 하나님은 우리와 늘 함께 계십니다. 그리스도의 십자가를 둘러쌌던 거룩한 외로움이 우리를 둘러쌀 때, 그리스도께서 친히 우리를 감싸 안아 주실 것입니다.

"재난에 지치고 괴로운 이여,
버림당했다고 생각하는가?
청명하던 소망이 사라지고

사랑하는 이를 모두 잃었는가?

삶이라는 쓰디쓴 전쟁을
홀로 싸우고 있는가?
괴로운 시험까지 달려들어
그 싸움을 더 끔찍하게 만드는가?

불행하고 무력하며 외롭다 느낄 때
눈을 들어 하늘을 보라.
그대를 결코 버리지 않으실 분
한없는 사랑 베푸실 한 분
그분의 사랑을 의지하라.

불 가운데로 지나갈 때도
그대를 지켜보시는 그분
그대 앞서 모든 고통을 겪으시고
그대 마음의 소원을 아시는 그분,

그대 허약한 체질을 아시는
영광의 주이신 그분
그대 사연이 아무리 슬퍼도
아, 그분의 이름을 신뢰하라.

풍랑이 아무리 모질어도
영원하신 하나님 그대를 지키시고,
끔찍한 원수들이 그대를 공격해도
하나님의 팔 그대를 붙들리니.

그대 심령의 깊은 슬픔 다 아뢰고
그대 외로운 고통 다 아뢰라.
그 어떤 재난이 그대를 괴롭게 해도
그분의 보좌 앞에 모두 아뢰라.

그분 약한 그대에게 힘을 주고
그 품에 그대를 안으리니,
외로운 그대의 모든 것 되어 주고
피곤 씻는 안식 주시리.

삶의 싸움 머지않아 끝나면
그분의 집에 그대 들이리니,
그분의 사랑에 편히 기대고
무슨 일 있어도 두려워 말라."

4장 십자가에 못 박힌 신자
The Believer Crucified

> 그러나 내게는 우리 주 예수 그리스도의 십자가 외에
> 결코 자랑할 것이 없으니
> 그리스도로 말미암아 세상이 나를 대하여 십자가에 못 박히고
> 내가 또한 세상을 대하여 그러하니라
>
> _갈 6:14

오늘 말씀드릴 주제에 관해서는 지난 시간에 약간의 암시를 드린 바 있습니다. 오늘은 그것을 중심 주제로 삼아 좀 더 자세하게 말씀드리려고 합니다.

지금 제가 말씀드리려는 이 주제는 참된 성도들의 마음을 언제나 매혹시키고 거룩하게 만들어 줍니다. 왜냐하면 하나님께서 성도들의 마음에 거룩을 향한 사랑을 심어 주셨기 때문입니다. 또한 거룩은 영적으로 십자가에 못 박히는 것을 포함하고, 영적으로 십자가에 못 박히는 것은 그리스도의 십자가에서 나오는 영적인 감화를 통해서만 가능하기 때문입니다.

이런 이유 때문에 사도 바울은 "내게는 우리 주 예수 그리스도의 십자가 외에 결코 자랑할 것이 없으니"(갈 6:14)라고 기뻐하며 자랑합니다. 물론 이런 이유 외에 다른 이유들도 있었겠지만 말입니다.

1. 그리스도인의 자랑 영광스런 십자가

사실 그리스도의 십자가는 자랑하고 즐거워할 만한 대상이 아니었습니다. 십자가는 사형수를 죽이는 잔인한 형틀이기 때문입니다. 사람들이 보기에 그것은 수치스러운 것이었습니다. 바로 그 수치스러운 형틀에 사도 바울의 주인이며 왕이신 예수님이 참혹하게 못 박혀 죽은 것입니다.

그러나 사도 바울에게는 그 십자가가 자랑이요 영광이요 승리였습니다. 사도 바울에게 있어서 다른 모든 영광은 십자가 앞에서 아무것도 아니었습니다. 자신의 고귀한 출생 신분의 영광, 자신의 훌륭한 조상들의 영광, 자신의 학문적인 업적의 영광, 자신이 지켜 온 구약 의식의 영광, 그리고 자기 자신의 의의 영광, 이 모든 영광도 십자가의 찬란한 빛 앞에서는 무색해질 뿐이었습니다. 사실상 지금 바울은 자기 자신을 향해 엄숙하게 맹세하고 있는 것이나 다름없습니다.

"우리 주 예수 그리스도의 십자가 외에는 결코 아무것도 자랑하지 말지어다."

사도 바울이 볼 때 그리스도의 십자가는 인간을 향한 하나님의 모든 행사 가운데 최고 절정이었습니다. 그 십자가는 타락한 인류에게 베풀어질 신령한 모든 복을 그리스도의 공로로 획득하는 놀라운 사건이었습니다. 또한 그것은 그리스도께서 자신과 우리의 모든 원수를 완전하게 부찌르시는 찬란한 승리의 현장이었으며, 성도가 복음적인 거룩을 이루어 가는 데 있어서 가장 강력한 동기를 부여해 주는 힘이었습니다.

사도 바울이 볼 때 그리스도의 십자가는 세상을 그리스도의 절대 주권 아래 굴복시키는 도구였으며, 모든 참 평안과 기쁨과 소망의 근원이었습니다. 또한 그 십자가는 모든 죄를 소멸하고 모든 은혜를 소생시키는 나무였습니다. 그것은, 가장 아름다운 꽃을 피우고 가장 깨끗한 샘물이 터져 나오고 하나님의 성을 기쁘게 하는 가장 달콤한 열매를 만들어 내는 아름다운 땅이었습니다.

그래서 그는 우리 주 예수 그리스도의 십자가 외에 결코 자랑할 것이 없다고 고백합니다. 그리스의 찬란한 문명 앞에서든지, 로마 제국의 드높은 위엄 앞에서든지, 로마의 현인들과 시인들과 정치가들 앞에서든지, 그는 한 치의 망설임도 없이 이렇게 선포합니다.

"내가 복음을 부끄러워하지 아니하노니 이 복음은 모든 믿는 자에게 구원을 주시는 하나님의 능력이 됨이라"(롬 1:16).

"유대인은 표적을 구하고 헬라인은 지혜를 찾으나 우리는 십자가에 못 박힌 그리스도를 전하니"(고전 1:22,23).

"내게는 우리 주 예수 그리스도의 십자가 외에 결코 자랑할 것이 없으니"(갈 6:14).

십자가의 영광을 생각해 볼 때, 사도 바울이 이렇게 고백한 것은 전혀 이상한 일이 아니었습니다.

그러나 오늘 저는 이 주제와 관련하여 한 가지 측면만을 집중적으로 말씀드리고자 합니다. 그것은 그리스도의 십자가를 통해서 신자도 영적으로 못 박힌다는 사실입니다. 사도 바울은 그것을 이렇게 표현합니다.

"그리스도로 말미암아 세상이 나를 대하여 십자가에 못 박히고 내가 또한 세상을 대하여 그러하니라."

우리의 복되신 주님께서는 이 위대한 영적 원리를 자신의 개인적인 삶을 통해서 친히 보여 주셨습니다. 우리 주님이 십자가에 못 박혀 죽으시는 방법 외에 다른 방법으로는 인류의 구속이 성취될 수 없었습니다. 주님은 죽으셔야만 했고, 십자가의 죽음으로 죽으셔야만 했습니다.

만일 우리 주님께서 십자가에 못 박혀 죽지 않으셨다면 어떻게 되었을지 상상해 보십시오. 비록 주님이 전해 주신 복음이 하나님으로부터 나왔고 그 모든 교리들이 거룩하여도, 비록 주님이 가르쳐 주신 신앙이 하늘에서 비롯되었고 그 모든 원리들이 숭고하여도, 비록 주님이 행하신 모든 기적이 초자연적이고 사람의 마음에 주님을 확신케 하는 힘이 있어도, 예수님이 십자가에 못 박혀 죽으시지 않았다면 결국 한 사람의 영혼도 거듭날 수 없고 거룩할 수 없으며 구원받을 수도 없었을 것입니다.

갈보리 언덕에 서 있는 세 개의 십자가 중에서 가운데 서 있는 십자가는 영적인 감화력이 있어서 죄를 죽이고 거룩을 활성화시킵니다. 그러나 믿음을 통하여 그리스도의 십자가에 자신의 마음을 붙들어 매지 않는다면, 그 누구도 자신의 심령 안에서 하나님을 대적하는 원수들이 쫓겨나고 하나님을 향한 사랑이 왕 노릇 하는 것에 대하여 전혀 알지 못하고 또 결코 알 수도 없을 것입니다.

믿음을 통하여 그리스도의 십자가에 자신의 마음을 붙들어 매지 않는다면, 그 누구도 자신의 심령 안에서 죄가 십자가에 못 박히고 거룩이 소생하는 것에 대하여 전혀 알지도 못하고 또 알 수도 없을 것입니다.

믿음을 통하여 그리스도의 십자가에 우리 마음을 붙들어 맬 때, 바로 그때에만 바울의 저 영광스럽고도 승리에 찬 고백이 우리 마음 구석구석에서도 울려 퍼지게 될 것입니다.

"그러나 내게는 우리 주 예수 그리스도의 십자가 외에 결코 자랑할 것이 없으니 그리스도로 말미암아 세상이 나를 대하여 십자가에 못 박히고 내가 또한 세상을 대하여 그러하니라."

오늘 저는 참 신자의 체험적인 기독교 신앙을 통해서 이 진리를 여러분에게 설명하고자 합니다. 우리 마음 안에서 죄와 죄의 원리들이 참으로 죽는 일은 윤리적인 설교의 능력만으로도 안 되고, 하나님의 진리를 머리로 아는 것만으로도 안 되며, 심지어 양심이 죄를 각성하고 죄악을 분별하게 된 것만으로도 안 됩니다. 우리 마음 안에서 죄와 죄의 원리들이 참으로 죽는 일은 오직 거룩의 영이신 성령님을 통하여 우리 마음에 그리스도의 십자가의 영적 감화력이 흘러 들어올 때에만 가능합니다.

저는 오늘 이것을 여러분에게 자세히 설명하고자 합니다. 이 주제는 크게 두 가지 요점으로 나누어서 살펴볼 수 있습니다. 첫 번째 요점은 신자가 영적으로 십자가에 못 박혀 죽게 되는 도구가 무엇인지를 살펴보는 것입니다. 두 번째 요점은 십자가를 통해서 이루어지는 두 가지 종류의 십자가에 못 박힘, 곧 신자가 세상에 대하여 십자가에 못 박히는 것과 세상이 신자에 대하여 십자가에 못 박히는 것에 대하여 살펴보는 것입니다.

2. 우리 주님 예수 그리스도의 십자가

신자를 영적으로 십자가에 못 박아 죽게 하는 도구는 '우리 주님 예수 그리스도의 십자가'입니다. 우리 주님 예수 그리스도의 십자가! 아, 이 짧은 말 안에는 얼마나 많은 의미가 내포되어 있는지요! 예수 그리스도의 십자가는 얼마나 밝은 빛과 찬란한 영광을 발하고 있는지요! 예수 그리스도의 십자가는 얼마나 경이로운 은혜의 도구이며, 얼마나 영광스러운 진리의 상징이며, 또 얼마나 강력하고도 신비한 능력의 원천인지요!

1) 구약의 경륜과 장래의 영광이 있는 십자가

예수 그리스도의 십자가에는 구약의 경륜의 모든 빛이 총집결해 있습니다. 예수 그리스도의 십자가는 구약의 모든 상징을 구체적으로 설명해 주며, 구약의 모든 그림자를 실체로 바꾸어 주며, 구약의 모든 신비를 밝히 풀어 주고, 구약의 모든 예표를 완성해 줍니다. 그 십자가는 하나님의 아들이 십자가에 못 박혀 죽지 않았더라면 영원히 무의미하고 설명할 수도 없었을 구약의 모든 예언을 확증해 줍니다.

우리 주님 예수 그리스도의 십자가에는 과거 구약의 경륜만 총집결해 있는 것이 아닙니다. 그리스도의 십자가에는 장래의 모든 영광도 함께 총집결해 있습니다. 우리 주님 예수 그리스도의 십자가는 구주 예수께서 영원히 다스리실 것을 확신시켜 주며, 그가 받은 고난 이후에 주어진 놀라운 보상을 설명해 줍니다.

그리스도의 십자가는 한쪽으로는 영원 전에 있었던 하나님의 구원 계획을 가리키고, 다른 한쪽으로는 장차 올 영원한 세상에서 그리스도의 왕국이 보여 줄 찬란한 승리와 영광을 가리킵니다. 이처럼 죄인을 구원하고 하나님을 영원토록 영화롭게 하는 데 쓰임받는 그리스도의 십자가는, 초라한 것 같지만 숭고하고 연약한 것 같지만 강력합니다.

2) 십자가에 못 박힌 예수 그리스도

이제 십자가에서 눈을 떼고 거기에 못 박히신 분에게 시선을 고정시켜 봅시다. 십자가에 못 박힌 분은 누구이십니까? 그분은 아무런 죄도 없고 흠도 없는 하나님의 어린양이십니다. 저는 이것을 강조하고 싶습니다. 왜냐하면 우리 주님이 우리의 죄를 대신 짊어지고 속죄하신 그 일이 완성되고 효력을 발휘하기 위해서는 주님 자신에게 아무런 죄도 없어야 하기 때문입니다.

만일 예수님에게 죄가 있었다면, 예수님이 우리 대신 십자가에 죽어 주시는 일이 아무런 의미도, 아무런 효과도 없었을 것입니다. 왜냐하면 오직 죄가 없는 분만이 우리 죄를 대신 짊어지고 죽어 주실 수 있기 때문입니다. 만일 예수님에게도 죄가 있었다면, 예수님이 십자가에서 받으셨던 하나님의 모든 진노와 저주, 영원한 형벌과 재앙을 우리도 받을 수밖에 없을 것입니다.

그런데 예수님은 아무런 죄가 없는 분으로서 우리의 죄를 대신 지고 십자가에 달려 죽으셨습니다. 아무런 죄가 없는 예수님이 우리가 받아야 할 모든 형벌을 대신 받으셨습니다. 아무런 죄가 없는 예수님이 우리가 떨어져야 할 지옥의 형벌을 대신 받으셨습니다. 생각만 해도 얼마나 놀라운 일인지요! 우리의 죄를 대신 짊어지시는 분이 거룩하지 않았다면 이 모든 일은 불가능했습니다. 그런데 거룩하신 우리 주님이 우리의 죄를 대신 짊어지고 저주의 나무인 십자가에 못 박혀 죽으셨던 것입니다.

"친히 나무에 달려 그 몸으로 우리 죄를 담당하셨으니 이는 우리로 죄에 대하여 죽고 의에 대하여 살게 하려 하심이라. 그가 채찍에 맞음으로 너희는 나음을 얻었나니"(벧전 2:24).

우리 주님 예수 그리스도의 십자가! 구주 예수님을 사랑하는 사람들은 이 말을 들을 때마다 얼마나 거룩한 전율을 느끼게 되는지요! 이 말의 의미는 얼마나 깊고, 그 영향력은 얼마나 귀한지요! 그리스도의 십자가가 설명해 주는 진리는 얼마나 위대한지요!

지난 시간에 우리는 주님에게 가장 처절한 치욕을 안겨 주었던 도구로

서의 십자가에 대해서 살펴보았습니다. 우리 주님은 노예의 죽음을 당하셨습니다.

　신명기 15장을 읽어 보십시오. 종이 자신의 주인을 평생 섬기기로 작정하면 주인은 그 종의 귀를 문에 대고 송곳으로 뚫도록 되어 있었습니다. 이것은 그 종이 평생 노예가 되었다는 표시였습니다. 그리스도의 십자가도 이런 관점에서 해석해 볼 수 있습니다. 우리 주님이 십자가에 못 박히셨을 때, 우리 주님은 평생 노예로 거기에 못 박히신 것이었습니다.

　이것에 관하여 메시야를 노래하는 시편 40편은 이렇게 기록합니다.

　"주께서 내 귀를 통하여 내게 들려주시기를"(시 40:6).

　그런데 여기에서 '통하여 들려주다', 또는 '열다' 라고 번역된 히브리어는 '뚫다' 라는 의미도 가지고 있습니다. 즉, 시편 기자는 하나님께서 그리스도의 귀를 십자가에 대고 뚫으셨다고 노래한 것입니다.

　그렇습니다. 우리의 복되신 주님은 자신의 교회를 구원하기 위하여 스스로 성부 하나님의 종이 되었습니다. 그리고 이 일을 위하여 저주의 나무인 십자가에 못 박히셨습니다. 그러나 우리 주님 예수 그리스도의 십자가를 경건한 마음으로 바라보는 성도들을 위하여 그리스도의 십자가에 관하여 몇 가지 더 말씀드리겠습니다.

3) 하나님의 성품을 드러내는 십자가

　우리 주님 예수 그리스도의 십자가는 하나님의 성품을 드러내는 것으로 생각해 볼 수도 있습니다. 사실 우리 주님 예수 그리스도의 십자가보다 하나님의 성품을 잘 드러내는 것은 없습니다. 그리스도의 십자가는 하나님의 성품을 가리던 구름 장막을 걷어 냅니다. 그리스도의 십자가에는 하나님의 성품이 자세하게 드러나 있습니다. 그래서 우리는 그리스도의 십자가를 통하여 다른 곳에서는 전혀 배울 수 없었던 하나님의 성품까지도 잘 배울 수 있습니다.

하나님의 신성이 다른 것을 통해서 우리에게 명백하게 드러날 경우, 우리는 그 앞에서 놀라고 기절하고 도저히 그것을 감당할 수 없을 것입니다. 우리 주님 예수 그리스도의 십자가가 아니면, 하나님의 위엄을 완전하게 드러내면서 하나님의 성품을 우리에게 자세히 보여 주는 일은 있을 수 없습니다. 우리의 두려움을 잠재우고 우리에게 확신을 심어 주며 우리 마음에 사랑의 불이 타오르게 하는 일은 불가능합니다.

그리스도의 십자가를 떠나서 하나님의 권능을 묵상해 보십시오. 어떻게 될 것 같습니까? 하나님의 권능 앞에서 우리는 두려워 떨 수밖에 없습니다. 그리스도의 십자가를 떠나서 하나님의 진실하심을 묵상해 보십시오. 어떻게 될 것 같습니까? 그 어떤 거짓으로도 속일 수 없는 하나님 앞에서 우리는 두려워 떨 수밖에 없습니다.

그리스도의 십자가를 떠나서 하나님의 거룩하심을 묵상해 보십시오. 어떻게 될 것 같습니까? 죄로 가득 찬 우리와는 달리 완전하게 거룩하신 하나님 앞에서 우리는 새파랗게 질려 고꾸라지고 말 것입니다. 그리스도의 십자가를 떠나서 하나님의 공의를 묵상해 보십시오. 어떻게 될 것 같습니까? 우리로서는 도저히 만족시킬 수 없는 그 공의 때문에 우리는 절망하고 또 절망하게 될 것입니다.

불쌍하게도 어떤 사람들은 자연을 통해서 하나님을 얼마든지 알 수 있다고 떠들어 댑니다. 그러나 산과 바다, 태양과 달로부터 얻은 하나님에 대한 모든 지식을 한데 모아 보십시오. 여호와 하나님을 대적하여 타락한 죄인에게 그 지식이 정말 도움이 된다고 생각합니까?

"어떻게 하면 구원을 얻을 수 있는가?"라는 중차대한 질문에 대해서 과연 그 지식이 답을 줄 수 있습니까? 죄를 용서받고 하나님께 의로운 사람으로 인정을 받으며 영혼이 구원받는 일에 대하여 과연 그 지식이 도움을 줄 수 있습니까? 자연이라는 불완전한 책에서 나온 하나님에 대한 부분적인 지식이, 두려움 없이 죽음을 맞이하도록 도와주고, 소망 가운데 영원한 세상을 바라보도록 도와줄 수 있겠습니까? 결코 그렇지 않습니다. 절대 그렇지 않습니다.

여러분의 시선을 그리스도의 십자가로 돌리십시오. 그리스도의 십자가에 하나님의 성품이 완전하게, 또 영광스럽게 드러나 있습니다. 그리스도의 십자가에는 하나님의 완전한 모든 성품이 가장 완전하고도 아름답게 조화를 이루면서 선명하게 드러나 있습니다.

공의, 거룩, 진실하심, 긍휼, 지혜, 은혜, 그리고 사랑, 이 모든 것이 그리스도의 십자가에 함께 드러납니다. 죄인인 우리들을 구원하기 위하여 함께 드러납니다. 어떻게 보면 서로 다른 것 같은 성품들이 충돌이나 양보 없이 완벽한 조화를 이루면서 함께 드러나 있습니다. 그래서 시편 기자는 이렇게 찬송합니다.

"인애와 진리가 같이 만나고 의와 화평이 서로 입 맞추었으며"(시 85:10).

그러므로 그리스도의 십자가로 가까이 나아가 거기에서 흘러나오는 거룩한 빛 아래서, 하나님의 공의로우신 성품과 죄를 용서해 주시는 성품을 함께 배우십시오. 또 하나님이 어떻게 자신의 완전한 성품들을 그대로 유지하시면서 한 가지 성품 안에 자신의 모든 성품들을 조화롭게 나타내셨는지를 주의 깊게 살펴보십시오. 성경은 하나님에 관하여 한마디로 이렇게 설명합니다.

"하나님은 사랑이시라"(요일 4:16).

4) 삼위일체의 신비를 보여 주는 십자가

우리 주님 예수 그리스도의 십자가는 한 분이면서 세 위격으로 존재하시는 삼위일체 하나님에 대한 위대한 표현으로 생각할 수도 있습니다. 삼위일체 교리는 참으로 심오한 신비이면서 동시에 가장 성경적인 교리입니다. 그런데 예수 그리스도의 십자가보다 이 교리를 더 선명하게 보여 주는 것은 없습니다.

전에도 이것에 대해서 말씀드린 적이 있습니다. 그리스도의 십자가를 바라보십시오. 거기에는 고난받으시는 하나님의 아들이 매달려 있습니다. 또한 거기에는 아들을 가차없이 형벌하시는 성부 하나님이 계십니다. 그리고 그리스도의 속죄를 이루시는 성령 하나님, 곧 그리스도의 죽으심을 우리 영혼에 적용시킴으로써 그 효력을 우리에게 베풀어 주시는 성령 하나님이 계십니다.

이렇게 갈보리의 십자가처럼 한 분이면서 세 위격으로 존재하시는 삼위일체 하나님을 선명하게 보여 주는 곳이 또 어디에 있겠습니까? 사랑하는 여러분, 이 영광스러운 교리, 삼위일체의 교리를 가볍게 생각하지 마십시오. 우리의 구원은 삼위일체의 교리를 온전히 받아들이고 견고하게 믿는 것을 포함합니다.

물론 삼위일체의 교리는 우리의 이성으로 다 헤아려 알 수 없는 신비입니다. 설령 우리의 이성으로 삼위일체 교리를 알 수 있다 하더라도 그 교리를 신적인 교리로 받아들이는 것은 쉬운 일이 아닐 것입니다. 그러나 여러분의 이성을 하나님의 계시에 굴복시키십시오. 여러분의 믿음을 그리스도의 십자가에 굴복시키십시오. 또 어린아이처럼 이 교리를 받아들이십시오. 이 교리를 통해서 여러분은 빛이며 사랑이신 하나님의 두 가지 속성이 함께 연합하여 죄인의 영혼을 천국으로 인도한다는 진리를 배우게 될 것입니다.

그러므로 성령께서 보여 주시는 대로 그리스도의 십자가를 믿는 마음으로 받아들이는 사람은, 구속의 모든 신비를 꿰뚫어 볼 수 있는 단서를 발견하게 됩니다. 무엇보다도 이런 사람은 위대한 신비 중에서도 가장 위대한 신비, 곧 하나님을 반역하고 길을 잃은 죄인을 구원하시는 사역에 드러난 삼위 하나님의 사랑을 깨닫게 됩니다.

"하나님은 사랑이시라"(요일 4:16).

이 진리는 예수 그리스도의 십자가 아래에서 찬란한 영광으로 빛을 발할 때 우리에게 선명하게 각인됩니다. 마치 태양이 짙은 먹구름을 한순간에 헤치고 나와서 찬란한 빛을 발하는 것처럼 말입니다.

5) 피난처가 되는 십자가

또한 그리스도의 십자가는 얼마나 놀라운 피난처인지요! 그리스도의 십자가를 피난처로 바라보십시오. 그러면 그리스도의 십자가가 또 다른 차원의 소중한 의미로 여러분에게 다가올 것입니다. 폭풍 속에서 십자가 아래로 피해 본 경험이 있는 사람들은 제가 무슨 말을 하는지 아실 것입니다.

여러분으로 하여금 십자가 아래로 피하게 만든 것은 무엇이었습니까? 먼저, 그것은 죄에 대한 깊은 각성이었을 것입니다. 양심에 죄책을 느끼게 되면서 여러분은 그리스도의 십자가 아래로 피하지 않을 수 없었을 것입니다. 그리고 여러분의 죄를 심판할 재판장이 빠른 걸음으로 다가오고 있다는 것을 알게 되면서 여러분은 서둘러 그리스도의 십자가 아래로 피할 수밖에 없었을 것입니다. 또한 시시각각 다가오는 죽음에 대한 두려움, 최후 심판에 대한 두려움, 지옥의 형벌에 대한 두려움 때문에 여러분은 십자가 아래로 피하지 않을 수 없었을 것입니다.

물론 다른 곳으로도 피해 보았지만 거기에서는 안식을 얻을 수 없었습니다. 그러다가 마침내 안전한 장소, 하나님께서 공식적으로 지정해 주신 도피성, 저주가 결코 여러분에게 손댈 수 없는 유일한 피난처, 죄를 심판하는 재판장이 여러분을 체포할 수 없는 피난처를 발견하였습니다. 그 피난처가 바로 하나님의 아들의 십자가였습니다.

아, 여러분이 발견한 그리스도의 십자가는 얼마나 놀라운 피난처인지요! 말 못 할 고난이 여러분에게 엄습할 때, 견디기 어려운 유혹이 여러분을 공격할 때, 그때마다 그리스도의 십자가는 여러분에게 얼마나 즐거운 피난처가 되는지 모릅니다. 그리스도의 십자가는 여러분에게 사막의 오아시스와 같고, 거친 광야 길의 큰 바위 밑 시원한 그늘과 같습니다. 그리스도의 십자가는 여러분이 지치고 상해 있을 때 여러분의 심령에 완전한 안전과 휴식을 제공해 주는 놀라운 장소인 것입니다.

3. 그리스도의 십자가의 능력

이제부터 예수님의 십자가로 인하여 나타난 두 가지 종류의 못 박힘에 관해서 살펴보겠습니다.

십자가의 능력은 너무나 기이하고 불가항력적입니다. 십자가는 혼신의 힘을 다하여 하나님을 반역하던 수많은 사람들의 의지를 하나님 앞에 굴복시켰습니다. 십자가는 대리석처럼 완악한 사람들의 마음을 살처럼 부드럽게 만들었습니다.

십자가는 하나님보다 자기 자신을 높이며 으스대던 수많은 사람들을 겸손하게 낮추었습니다. 다른 방법으로는 절대 그런 변화가 일어나지 않습니다. 그러나 다른 모든 방법이 실패한 바로 그곳에서 십자가는 승리하였고 놀라운 변화를 일으켰습니다.

십자가는 사자 같은 마음을 가지고 있던 사람을 변화시켜 어린양 같은 마음을 품도록 하였습니다. 그리스도의 십자가는 다른 것으로 전혀 치장되지 않은 그 자체의 순수함과 비길 데 없는 숭고함 가운데 높이 들려질 때마다 수많은 사람들의 마음을 사로잡았으며, 그들로 하여금 십자가를 믿고 탄복하며 사랑하도록 만들었습니다.

이 넓은 영국 땅도 오직 그리스도의 십자가를 설교함으로써 마침내 예수님의 절대적인 주권과 통치 아래 굴복될 것입니다. 사랑하는 여러분, 그리스도의 십자가가 여러분의 마음을 예수님에게 굴복시키고 예수님을 사랑하도록 만들었습니까?

저는 특히 이런 십자가의 능력 중에서도 거듭난 영혼 안에서 일어나는 십자가의 영향력에 대하여 설명하고자 합니다.

1) 세상과 대적하다

오늘 본문에서 사도 바울은 이 세상이 신자의 적임을 암시하고 있습니다. 실제로 이 세상은 우리의 강력한 적입니다. 물론 이 세상은 우리의 유일한 적도 아니며 가장 강력한 적도 아닙니다. 그러나 분명히 이 세상은 강력하고 교활하며 쉬지 않고 우리를 공격하는 적입니다.

우리 주님께서도 세상이 그렇다는 것을 경험하셨습니다. 이 세상은 우리 주님을 대적하는 원수였습니다. 주님께서 뭐라고 말씀하셨습니까?

"담대하라. 내가 세상을 이기었노라"(요 16:33).

생각해 보십시오. 만일 이 세상이 주님의 적이 아니었다면, 주님께서 세상을 이기실 필요가 있었겠습니까? 이 세상은 항상 하나님의 아들을 대적하는 무리 가운데 있었습니다. 이 세상은 그리스도께서 어디로 가시든지 모든 곳에서 그리스도를 대적하였습니다. 이 세상은 그리스도께서 무슨 행동을 하시든지 자신의 모든 능력을 총동원하여 주님을 공격하였습니다. 그러나 주님께서는 이 세상을 이기셨습니다.

사랑하는 여러분, 이 세상은 우리의 원수입니다. 그리고 우리는 이 세상을 통과하여 하늘의 영광을 향해 여행하고 있는 순례자입니다. 우리가 믿는 기독교 신앙은 우리에게 세상 밖으로 나가서 살라고 말하지 않습니다. 이 세상을 완전히 등지고 은둔자가 되라는 가르침이나, 우리가 가지고 있는 합법적인 직업을 버리고 하나님께서 섭리 가운데 우리에게 맡겨 주신 봉사와 섬김과 영향력을 버리고 은둔자가 되라는 가르침은, 예수님이 전해 주신 참된 신앙을 심각하게 왜곡하는 거짓된 가르침입니다.

생각해 보십시오. 하나님께서는 죄인을 회심시키는 순간에 얼마든지 그 사람을 천국으로 데려가실 수 있습니다. 그러나 하나님은 그렇게 하지 않으시고 그를 이 세상에 오랫동안 살게 하십니다. 왜 그렇게 하시는 것입니까? 여기에는 여러 가지 분명한 이유가 있습니다. 그중 한 가지는 신자가 이 세상에 살면서 하나님을 위하여 영적인 싸움을 하고 하나님의 은혜를 더 풍성히 경험하며 하나님을 위하여 증거하는 삶을 살기를 하나님께서 원하시기 때문입니다.

그렇습니다. 이 세상은 신자에게 반드시 필요한 은혜를 연단하는 학교이며, 신자는 이 세상에 반드시 필요한 진리의 빛을 비춰 주는 등대입니다. 하나님의 자녀는 이 세상에서 얼마나 많은 것을 배우게 되는지요! 또 이 세상은 하나님의 자녀에게서 흘러나오는 거룩한 영향력 때문에 얼마나 많은 유익을 얻게 되는지요!

그러나 실제로는 어떠합니까? 신자에 대한 이 세상의 태도는 어떠합니까? 이 세상은 신자를 우호적으로 대합니까? 절대 그렇지 않습니다. 세상은 신자를 적대적으로 대합니다. 이 세상은 우리가 믿는 기독교 신앙을 사랑하거나 우리의 하늘 순례의 길을 도와주지 않습니다. 우리 주님을 십자가에 못 박은 이 세상이 어떻게 그렇게 할 수 있겠습니까? 그러므로 우리는 이 세상과 구별된 삶을 살고, 이 세상을 거슬러 증거하며, 이 세상의 행사가 악하다고 증거합니다.

그렇다면 과연 기독교 신앙을 가지고 있으며 예수님의 이름을 믿는다고 고백하는 모든 사람들이 세상에서 그렇게 살아가고 있습니까? 안타깝게도 그렇지 못합니다.

많은 사람들이 세상의 그럴듯한 모습에 마음을 빼앗기고, 기독교에 호의적인 것처럼 꾸미는 세상의 속임수에 넘어가서 이 세상을 친구처럼 여기고 있습니다. 많은 사람들이 세상의 화려한 말과 여러 가지 친절한 도움, 달콤하고도 환심을 사는 말솜씨, 후원과 관용으로 그리스도의 왕국을 돕겠다는 제안에 눈이 멀고 마음을 홀딱 빼앗겨서 세상과 친구가 되고 동맹을 맺는 것을 당연한 일로 여기고 있습니다.

그러나 이 문제에 관하여 하나님의 말씀은 매우 명확하고 단호합니다.

성경은 이 세상이 하나님의 원수이기 때문에 그리스도인에게도 대적할 수밖에 없다고 가르칩니다.

성경을 읽어 보십시오. 성경에는 세상에 대해서 우호적으로 말하는 곳이 한 군데도 없습니다. 성경은 이 세상의 거룩한 상태에 대해서 전혀 인정하지 않습니다. 이 세상에 관하여 성경은 얼마나 명확하고 분명하게 말하는지요!

"세상과 벗된 것이 하나님과 원수 됨을 알지 못하느냐? 그런즉 누구든지 세상과 벗이 되고자 하는 자는 스스로 하나님과 원수 되는 것이니라"(약 4:4).

"이 세상이나 세상에 있는 것들을 사랑하지 말라. 누구든지 세상을 사랑하면 아버지의 사랑이 그 안에 있지 아니하니, 이는 세상에 있는 모든 것이 육신의 정욕과 안목의 정욕과 이생의 자랑이니 다 아버지께로부터 온 것이 아니요, 세상으로부터 온 것이라"(요일 2:15,16).

2) 세상에 대하여 못 박히다

오늘 본문 말씀에서 사도 바울은 그리스도의 십자가로 말미암아 우리가 이 세상에 대하여 못 박히는 것에 관하여 말하고 있습니다. 사도 바울의 말인즉, 우리가 끊임없이 그리스도의 십자가를 바라보면 우리의 믿음과 성령으로 말미암아 우리의 마음에 그리스도의 십자가가 세워지게 되는데, 그러면 이 세상이 우리에게 시체와 같이 여겨진다는 것입니다. 다른 말로 하면, 우리 마음에서 이 세상은 마치 흉악한 죄를 범하고 십자가에 못 박혀 죽은 흉악범과 같아진다는 것입니다. 본문을 다시 읽어 보십시오.

"그러나 내게는 우리 주 예수 그리스도의 십자가 외에 결코 자랑할 것이 없으니 그리스도로 말미암아 세상이 나를 대하여 십자가에 못 박히고 내가 또한 세상을 대하여 그러하니라."

　사랑하는 여러분, 그리스도의 십자가의 능력이 조금이라도 줄어들었습니까? 골고다 언덕에 십자가가 세워지고 하나님의 아들이신 예수 그리스도께서 거기에 달리신 지 어언 1800년이 흘렀습니다. 그러나 십자가는 못 박히신 그리스도의 붉은 피로 젖어 있던 그때처럼 지금도 여전히 죄인들을 그리스도께로 이끌고 죄에서 구원해 내는 놀라운 능력을 가지고 있습니다.

　생각해 보십시오. 우리 주님 예수 그리스도의 십자가를 정말 진실하게 믿고 늘 바라보는 사람이 이 세상을 사랑할 수 있겠습니까? 세상과 더불어 언약을 맺을 수 있겠습니까? 세상이 주는 쾌락을 즐거워할 수 있겠습니까? 세상의 미소를 기뻐할 수 있겠습니까?

　우리의 구주이신 예수 그리스도께서는 십자가에 매달려 이 세상이 쏟아 내는 거친 말과 조롱, 모욕과 신성모독을 당하셨습니다. 그런 십자가를 엄연히 보면서 어떻게 우리가 이 세상을 우리의 친구로 삼을 수 있겠습니까? 자기 자식을 사랑하는 부모가 어떻게 자신이 애지중지 사랑하는 자녀를 잔인하게 살해한 살인범의 칼을 소중한 보물로 여기면서 어루만질 수 있겠습니까? 절대 불가능한 일입니다.

　그러므로 우리가 정말 어떤 사람인지를 시험해 볼 수 있는 좋은 기준이 여기 있습니다. 우리가 세상에 대하여 못 박히고 세상도 우리를 대하여 못 박혔습니까? 사랑하는 여러분, 만일 십자가의 영적인 능력이 여러분의 마음에 있다면, 여러분에게 이 세상은 시체나 다름없을 것입니다. 여러분은 이 세상의 모든 원칙과 수단과 쾌락과 종교에 '사망'이라는 딱지를 붙여 놓고 쳐다보지도 않을 것입니다. 여러분은 그 모든 것들을 공동묘지를 바라보듯이 아무런 관심 없이 그냥 지나칠 것입니다.

여러분에게 묻겠습니다. 이 세상이 여러분에 대하여 십자가에 못 박혔습니까? 다시 한 번 더 묻겠습니다. 이 세상이 여러분에게 시체와 같습니까? 이 세상이 여러분에 대하여 더 이상 아무런 매력도, 힘도, 영향력도 발휘하지 못합니까? 예수님의 십자가가 이 세상이 여러분에게 오랫동안 걸어 놓았던 마법을 풀고 여러분을 이 세상으로부터 자유롭게 하였습니까? 정말 이렇게 될 때, 그것이 바로 여러분이 이 세상에 대하여 십자가에 못 박히는 것입니다.

예수님의 십자가는 얼마나 놀라운 능력을 소유하고 있는지요! 예수님의 십자가는 세상을 바라보는 그리스도인의 모든 생각을 변화시킵니다. 그리스도인은 십자가를 통해서 세상을 바라봅니다. 그러하기에 세상에 대한 그들의 모든 생각이 완전히 달라질 수밖에 없으며, 세상의 실체를 정확하게 볼 수밖에 없습니다. 다시 말해서, 그리스도인은 세상이 정말 악하고 허무하며 헛되다는 것을 알게 됩니다.

그리스도인은 이 세상이 생명과 영광의 주를 십자가에 못 박았다는 사실을 통해서 세상이 얼마나 악한지를 깨닫습니다. 이 세상에 대한 그리스도인의 기대와 사랑이 완전하게 변했습니다. 그리스도인의 사랑의 대상이 완전히 바뀌었습니다. 전에는 세상을 사랑했지만, 이제 이 세상이 버리고 죽여 버린 구주 예수님을 사랑합니다. 세상을 사랑하던 마음이 그것을 파괴할 수 있는 유일한 능력, 곧 십자가의 못 박는 능력에 의해서 파괴되었기 때문입니다.

사랑하는 여러분, 지금 우리는 위대한 진리를 다루고 있습니다. 자신에게 이렇게 질문해 봅시다. "예수 그리스도께서는 왜 자기 자신을 십자가에 내주셨는가?"

대답은 분명하지 않습니까? 예수 그리스도께서는 우리로 하여금 자신과 함께 십자가에 영적으로 못 박혀 죽게 하려고 십자가에 못 박히셨습니다. 사도 바울은 갈라디아서 1장 4절에서 이 진리를 얼마나 아름답게 표현하는지요!

"그리스도께서 하나님 곧 우리 아버지의 뜻을 따라 이 악한 세대에서 우리를 건지시려고 우리 죄를 대속하기 위하여 자기 몸을 주셨으니."

그렇다면 이런 십자가를 대하면서 사도 바울이 경험한 것은 무엇입니까? 갈라디아서 2장 20절에서 사도는 이렇게 고백합니다.

"내가 그리스도와 함께 십자가에 못 박혔나니."

이런 경험을 한 사도 바울이 얼마나 거룩하고도 숭고한 결심을 했는지를 보십시오. 정말 놀랍습니다. 바울은 이렇게 말합니다.

"나의 간절한 기대와 소망을 따라 아무 일에든지 부끄러워하지 아니하고 지금도 전과 같이 온전히 담대하여 살든지 죽든지 내 몸에서 그리스도가 존귀하게 되게 하려 하나니"(빌 1:20).

사도 요한은 어떻습니까? 사도 요한은 성도들에게 뭐라고 권면합니까?

"이 세상이나 세상에 있는 것들을 사랑하지 말라. 누구든지 세상을 사랑하면 아버지의 사랑이 그 안에 있지 아니하니"(요일 2:15).

"무릇 하나님께로부터 난 자마다 세상을 이기느니라. 세상을 이기는 승리는 이것이니 우리의 믿음이니라"(요일 5:4).

믿음이 이 세상과 더불어 싸우고 승리를 거둘 때 사용하는 무기는 무엇입니까? 예수님의 십자가가 아닙니까? 신자의 눈에 다른 모든 것들의 영광과 매력이 보이지 않는 이유도 십자가의 영광과 능력이 너무나 찬란하고 강력하기 때문입니다.

　육안으로 태양을 한동안 바라보면 태양의 찬란한 빛 때문에 우리의 눈이 잠시 멀게 되고 다른 모든 것들을 볼 수 없게 됩니다. 그와 같이 십자가에 못 박히신 구주의 영광을 주목하여 바라보고 십자가에 총집결된 은혜와 사랑과 진리의 기이함을 면밀하게 공부하는 신자에게는 세상의 모든 영광과 매력이 빛을 상실하고 오히려 완전한 어둠이 되어 버립니다.

　여러분의 체험이 이것을 증거하지 않습니까? 생각해 보십시오. 언제 여러분의 마음이 모든 우상에게서 가장 멀리 떨어지게 되었습니까? 언제 여러분의 마음이 이 세상으로부터 가장 완전하게 등을 돌리게 되었습니까? 또 언제 여러분의 마음이 육체에 대하여 십자가에 못 박히게 되었습니까?

　십자가 아래 무릎 꿇고 있을 때, 십자가를 둘러싸고 있던 수치와 흑암과 고통의 구름 뒤에서 찬란한 광채가 마치 새롭게 창조된 태양처럼 여러분의 영혼에 찬란한 빛을 발하기 시작하던 그때가 아니었습니까? 십자가에 못 박히신 그리스도가 여러분의 마음에서 전부가 되던 그 순간이 아니었습니까?

"십자가 아래서 보낸 시간들
달콤하고도 복된 시간.
죄인 위해 죽어 가시는 위대한 친구로부터
생명과 건강과 평강을 얻네.

십자가 아래 바짝 엎드리는 것
참으로 복된 장소.

구주의 지친 눈에서

하나님의 아들이 겪는 수난을 보는 그곳.

나 영원히 여기 앉아서

보혈과 함께 흐르는 은혜의 물줄기 보리니

내 영혼 적시는 그 소중한 보혈

하나님과의 평강 호소하며 확보하네."

3) 고난과 슬픔을 이기다

십자가에 못 박힌다는 것은 늘 고난을 동반합니다. 물론 우리는 본성적으로 고난받는 것을 좋아하지 않습니다. 누구나 고난받는 것을 무척 힘들어합니다. 그러나 십자가로 말미암아 우리가 세상에 대하여 못 박힌다고 할 때, 거기에는 반드시 고난이 따른다는 것을 말씀드리지 않을 수 없습니다.

거기에는 반드시 슬픔과 고통, 그리고 상실이 따르게 되어 있습니다. 때로는 좋아하던 사람들과의 관계가 왜곡되거나 사랑하는 사람들과의 관계를 포기해야 하기도 하고, 육신적으로 즐기던 것들을 버려야 하기도 하고, 이 세상에서 살아갈 소망조차 없는 상태에 떨어지기도 합니다. 전에는 따뜻한 애정을 가지고 우리를 대하던 사람들이 냉랭해지고, 가까이 있던 친구들이 하나 둘씩 등을 돌립니다. 우리에게 돌아오는 것은 차가운 침묵과 불신뿐이고, 어쩌면 우리에게 유익하던 것들까지 희생해야 할지도 모릅니다.

그러나 이런 일이 여러분에게 일어난다고 해서 당황하지 마십시오. 여러분의 주님은 일찍이 이런 일이 여러분에게 있을 것이라고 말씀하셨습니다.

"내가 세상에 화평을 주러 온 줄로 생각하지 말라. 화평이 아니요 검을 주러 왔노라. 내가 온 것은 사람이 그 아버지와, 딸이 어머니와, 며느리가 시어머니와 불화하게 하려 함이니, 사람의 원수가 자기 집안 식구리라. 아버지나 어머니를 나보다 더 사랑하는 자는 내게 합당하지 아니하고 아들이나 딸을 나보다 더 사랑하는 자도 내게 합당하지 아니하며 또 자기 십자가를 지고 나를 따르지 않는 자도 내게 합당하지 아니하니라"(마 10:34-38).

그러나 이러한 희생은 얼마나 값진 것인지요! 사실 그것은 희생이 아니라 유익입니다. 생각해 보십시오. 이 세상과 이 세상의 사랑을 잃는 것보다 그리스도와 그리스도의 십자가를 얻는 것이 더 낫지 않습니까? 여러분의 기업으로, 여러분의 친구로, 여러분의 구속주로 그리스도를 소유하는 것보다 더 나은 것이 세상에 또 어디 있습니까? 여러분은 세상에서 가장 귀한 예수 그리스도를 소유하고 있습니다. 그러므로 이제는 고난도, 이별도, 손실도 기쁘게 받아들이십시오.

다시 한 번 예수님의 말씀을 들어 보십시오.

"내가 진실로 너희에게 이르노니 나와 복음을 위하여 집이나 형제나 자매나 어머니나 아버지나 자식이나 전토를 버린 자는 현세에 있어 집과 형제와 자매와 어머니와 자식과 전토를 백 배나 받되 박해를 겸하여 받고 내세에 영생을 받지 못할 자가 없느니라"(막 10:29,30).

그렇습니다. 희생이 있어야 한다면, 반드시 희생을 치러야 합니다. 오른손을 잘라야 할 일이 있다면 기꺼이 잘라내야 하고, 오른쪽 눈을 뽑아내야 할 일이 있다면 주저하지 말고 뽑아내야 합니다.

그리스도 때문에 세상으로부터 따돌림을 당하고 외톨이가 되는 일을 두려워하지 말아야 합니다. 그리스도 때문에 육신의 형제들로부터 버림받는 일을 두려워해서도 안 됩니다. 본성이 아니라 은혜로 살아야 하고, 감각이 아니라 믿음으로 살아야 하며, 피조물을 위해서가 아니라 하나님을 위해서 살아야 합니다.

그리스도를 따라 살면, 이 세상은 여러분을 오해하고 왜곡하며 비방할 것입니다. 가족들도 여러분에게 등을 돌리고, 믿었던 친구들도 떠나가며, 세상을 살아가는 데 필요한 것들도 공급이 중단될 것입니다. 그러나 그리스도의 십자가를 한 번 바라보는 순간, 예수님이 우리를 향해 한 번이라도 미소 지어 주시는 순간, 하나님의 사랑을 잠깐이라도 느끼는 순간, 천국의 영광을 살짝 바라보는 순간, 바로 그 순간에 우리는 이 세상에서 겪는 모든 고난을 능히 이기게 될 것입니다.

"그러므로 너희는 그들 중에서 나와서 따로 있고 부정한 것을 만지지 말라. 내가 너희를 영접하여 너희에게 아버지가 되고 너희는 내게 자녀가 되리라. 전능하신 주의 말씀이니라 하셨느니라"(고후 6:17,18).

"그러나 내게는 우리 주 예수 그리스도의 십자가 외에 결코 자랑할 것이 없으니 그리스도로 말미암아 세상이 나를 대하여 십자가에 못 박히고 내가 또한 세상을 대하여 그러하니라"(갈 6:14).

5장 십자가의 안식
The Repose of the Cross

> 예수의 제자 중 하나 곧 그가 사랑하시는 자가
> 예수의 품에 의지하여 누웠는지라
> _요 13:23

이 타락한 세상에서 완전한 휴식을 얻을 수 있는 곳은 딱 한 곳뿐입니다. 하나님께서도 자신의 모든 완전한 속성들이 조화를 이루는 가운데 그곳에서 안식하셨으며, 예수 그리스도께서도 그곳에서 자신의 사역이 완성되는 것을 보면서 안식하셨습니다. 그곳은 바로 갈보리의 십자가입니다.

이 세상은 영적인 중심을 잃어버린 사람들로 가득 차 있습니다. 이 세상은 하나님을 자신들의 영적인 중심에서 내쫓았기 때문에 거센 풍랑이 이는 바다처럼 항상 요동하며 불안정합니다. 모든 사람이 어떤 선을 추구하고 어떤 안식을 찾고 있지만, 아무도 그것이 무엇인지 또 어디에서 그것을 찾을 수 있는지 알지 못합니다.

하나님께서 우리를 떠나심으로써 우리 영혼에는 분열이 일어났습니다.

그리고 지금도 분열된 상태에 있으며, 하나님께서 돌아와 다시 우리 영혼을 자신의 거처로 삼으실 때까지는 앞으로도 계속 그러할 것입니다. 또한 하나님께서 떠나신 후 남겨진 그 빈자리가 하나님에 의해서 다시 채워지지 않는 한, 불안과 불만족은 계속해서 인간의 유산과 재앙으로 남아 있게 될 것입니다.

타락 이후 인간은 하나님을 자신의 행복이나 소망으로 삼지 못하고 늘 하나님보다 훨씬 낮은 것들을 자신의 행복이나 소망으로 삼아 왔습니다. 그들은 하나님이 아닌 것들을 자신의 행복이나 소망으로 삼고 현세를 살아가고 내세를 준비합니다.

그러나 그들은 마치 모래 위에 집을 지은 사람과 같습니다. 비가 내리면 금세 휩쓸려 내려가고 무너져 버릴 그런 모래집 말입니다. 결국 이런 사람들의 행복과 소망은 다시는 회복할 수 없는 파멸과 재앙으로 끝나게 되어 있습니다. 성경은 다음과 같이 말씀합니다.

"비가 내리고 창수가 나고 바람이 불어 그 집에 부딪치매 무너져 그 무너짐이 심하니라"(마 7:27).

그런데 이런 사람들 가운데 소수의 사람들은 성령의 은혜로운 역사를 힘입고 마음의 눈이 밝아져서 영적인 지각을 갖게 되고 죄와 형벌을 깨닫게 됩니다. 이 사람들은 거센 풍랑이 이는 바다와 같은 이 세상이 결코 줄 수 없는 안식을 애타게 찾습니다. 그러나 진리에 대한 이해도 흐릿하고 구원에 대한 관념도 불분명하며 예수님에 대한 이해는 더욱더 흐릿하기에 안식을 결코 찾을 수 없는 곳에서 안식을 찾아 헤맵니다.

오늘 제가 드릴 말씀은 특별히 이런 사람들을 위한 것입니다. 오늘 저는 이런 사람들을 위하여, 죄를 깨닫고 양심에 고통을 느끼는 사람들이, 슬

품에 눌려 지치고 피곤한 사람들이, 무거운 짐을 지고 곤한 사람들이 도대체 어디에서 참된 안식을 얻을 수 있는지에 대하여 말씀드리고자 합니다. 물론 두말할 필요도 없이 그곳은 오직 그리스도의 십자가입니다.

사도 요한이 겪었던 감동적이고도 의미심장한 사건을 기록한 본문 말씀은 오늘 제가 말씀드리고자 하는 내용을 한 폭의 그림처럼 잘 설명해 줍니다.

언뜻 보기에 이 사건은 그리스도의 십자가와 전혀 무관한 것처럼 보일 수 있습니다. 왜냐하면 이 사건이 우리 주님께서 십자가에 달리시기 전에 일어났기 때문입니다. 그러나 실질적으로는 이 사건이 일어난 시각에 이미 예수 그리스도의 죽음은 완성되었습니다. 요한복음 17장에 기록된 예수님의 위대한 중보 기도를 떠올려 보십시오.

"아버지께서 내게 하라고 주신 일을 내가 이루어 아버지를 이 세상에서 영화롭게 하였사오니"(요 17:4).

이런 점에서 예수님께서 사랑하시는 제자가 예수님의 품에 의지하여 누워 있는 모습, 비길 데 없이 아름답고 너무나 감동적인 이 모습을 통해서 오늘 저는, 지치고 슬프지만 예수님을 믿고 사랑하는 오늘날의 제자의 모습, 또 자신이 믿는 하나님의 아들 곧 사랑스러운 주님의 품에서 완전한 안식을 찾고 얻는 오늘날의 제자의 모습을 여러분에게 보여 드리고자 합니다.

본문에서 우리가 경건한 마음으로 살펴보고자 하는 두 가지 요점은 제자가 보여 주는 의미심장한 자세와 제자가 발견한 완벽한 안식입니다.

1. 피곤한 이 세상의 삶

오늘 본문에 나타난 제자의 자세에는 피곤이 묻어 있습니다. 왜냐하면 이 제자가 예수님의 품에 기대어 쉬고 있기 때문입니다. 이것은 우리에게 정말 많은 것을 말해 줍니다.

사실 이 세상을 사는 모든 사람은 피곤합니다. 피곤이라는 단어 앞에서 자기 자신은 예외라고 생각할 사람은 아무도 없습니다. 어떤 사람이든 피곤이라는 단어를 들으면 자기도 모르게 자신의 지치고 곤한 모습을 떠올리게 되어 있습니다.

그런데 제가 이 땅 위에 살고 있는 사람들에게만 피곤이라는 단어를 적용시킨 데는 이유가 있습니다. 하늘에 사는 천사들은 피곤을 모르기 때문입니다. 천사들은 피곤을 모르기 때문에 당연히 안식도 필요하지 않습니다. 천사들의 어깨에 얹혀 있는 짐은 하나님의 뜻을 준행하는 것으로, 천사들에게 이것은 비둘기 몸에 달려 있는 날개처럼 당연할 뿐, 결코 짐이 아닙니다.

이미 천국에 들어가 있는 영화된 영혼들에게도 안식이 필요하지 않습니다. 왜냐하면 지금 그들은 죄와 사망의 몸이라는 무거운 짐을 내려놓고, 모든 악으로부터 자유롭게 되고 육신의 속박으로부터 풀려나서, 더 이상 눈물도 없고 탄식도 없으며 슬픔도 없는 곳에서 모든 수고를 끝내고 쉬고 있기 때문입니다. 지금 그들이 느끼는 유일한 짐은 하나님의 사랑이 감당할 수 없을 정도로 크다는 것뿐입니다.

그러니 어느 누가 그들을 이 세상에 다시 불러들여서 세상이 주는 죄와 고통과 피곤을 다시 짊어지게 하려 하겠습니까? 만일 그들에 대한 사랑을 핑계 삼아 그들을 이 세상에 다시 데려오고 싶어한다면, 그 사랑은 얼마나 이기적인 사랑입니까? 그들의 행복한 영혼이 안식처로 삼고 있는 저 천국의 완전한 평화를 깨뜨리고 무한한 기쁨을 손상시키며 완벽한 순결을 더럽히고 저 찬란한 영광을 어둡게 하다니 말입니다.

그렇다면 우리의 시선을 이 세상으로 돌려 봅시다. 이 세상은 지치고 피곤한 사람들로 가득 차 있습니다.

첫째, 이 세상에는 사회적인 피곤이 있습니다. 이 세상에서 사람들과 어울려 살다 보면 항상 많은 상처를 입게 되고 무시를 당하기도 하며 실망하지 않을 수 없습니다. 그리고 이런 것들이 쌓이면 쌓일수록 우리의 심령은 지치고 피곤해집니다.

둘째, 이 세상에는 정치적인 피곤이라고 부를 수 있는 또 다른 종류의 피곤이 있습니다. 폭군의 탄압, 독재자의 폭압정치, 체포와 투옥, 정부에 의해서 자행되는 고문과 살인 등이 여기에 속합니다. 유럽 대륙을 볼 때마다 우리는 인류 전반에 공통적으로 있는 불안함 외에도 정치적인 탄압과 독재 아래서 무참하게 짓밟히는 사람들이 수없이 많다는 것을 확인할 수 있습니다. 이런 환경에 처한 사람들에게 삶은 하루빨리 벗어던지고 싶은 무거운 짐에 불과합니다.

셋째, 오늘날 많은 나라들이 겪고 있는 종교적 피곤도 있습니다. 온갖 천박하고 야만적인 의식으로 사람들의 마음을 짓누르는 이교를 생각해 보십시오. 이슬람교는 숨이 막힐 듯한 의식으로 사람들을 피곤하게 하고, 로마 교회는 아무런 의미도 없이 사람만 힘들게 하는 야단스러운 의식들로 사람들을 피곤하게 합니다.

또 종교적인 속박과 복잡한 의식들에 혹사당하여 무지와 미신이라는 숨

막히는 사슬에 묶여 살고 있는 수많은 사람들을 깊이 생각해 보십시오. 이 세상에는 거짓 종교가 만든 무거운 짐을 짊어지고 신음하며 거기에서 벗어날 수 있기를 고대하는 사람들이 의외로 많습니다.

이 세상을 살면서 피곤하고 지친 수많은 사람들의 사례를 제가 일일이 다 거론할 필요가 있습니까? 이 세상은 거친 풍랑이 쉴 새 없이 험하게 이는 바다와 같습니다. 이 세상의 불안정한 파도에 자신의 삶을 내맡긴 사람들은 이 세상이 요동할 때마다 크든지 작든지 함께 요동하게 되어 있습니다.

이 세상에는 시편 4편 6절 말씀처럼 "우리에게 선을 보일 자 누구뇨?"라고 묻는 사람들이 참으로 많이 있습니다. 많은 사람들이 선한 것을 찾아서 이곳저곳을 기웃거리고 좋다는 방법을 다 써 보지만, 결국 깊이 탄식하며 슬픔 가운데 이렇게 외칠 뿐입니다.

"헛되고 헛되며 헛되고 헛되니 모든 것이 헛되도다"(전 1:2).

이 얼마나 안타까운 일인지요! 이 땅의 아들과 딸들은 참된 안식을 알지 못한 채 살아가고 있습니다.

"그러나 악인은 평온함을 얻지 못하고 그 물이 진흙과 더러운 것을 늘 솟구쳐 내는 요동하는 바다와 같으니라"(사 57:20).

2. 신자들이 느끼는 피곤함

그렇다면 주님의 백성들은 이런 일들과 상관이 없습니까? 주님의 백성들은 전혀 불안정하지도 하고 피곤하지도 않습니까? 천만의 말씀입니다. 만일 주님의 백성들이 불안정하지도 않고 피곤하지도 않다면 주님의 백성들이 이 땅에서 발견할 수 있는 유일한 안식처인 십자가의 안식으로 애써 찾아 나올 필요가 있겠습니까? 주님의 백성들이 십자가의 안식으로 애써 찾아 나오는 이유는 주님의 백성에게도 불안정함과 피곤함이 존재하기 때문입니다.

하나님의 교회를 생각해 보십시오. 교회마다 육체적으로 피곤해하거나 병들어 고생하는 성도들이 있습니다. 언뜻 보기에 이런 일은 별로 중요하게 여겨지지 않을 수도 있습니다. 그러나 그리스도인의 삶 속에서 사람의 정신과 영혼, 영혼과 육체의 밀접한 관계를 체험적으로 느껴 본 사람들은 육신의 피곤과 질병을 중요한 문제로 여기지 않을 수 없습니다.

하나님께서는 절대 자기 성도들의 육체적인 연약함을 하찮은 문제로 여기지 않습니다. 하나님께서는 '우리의 체질을 아시며 우리가 단지 먼지뿐임'(시 103:14)을 기억하십니다. 그러하기에 우리가 신체적인 질병 때문에 정신적으로 낙심하고, 그로 인하여 다시 영적으로 낙담하게 될 때, 우리의 체질을 설계하고 만드신 하나님께서 자기 성도들이 영적으로 연약해진 근본 원인이 무엇인지, 그 포착하기 어렵고 신비로운 근원까지 거슬러 올라가서 치료해 주실 수 있습니다.

뿐만 아니라 하나님의 교회에는 율법적인 피곤함 역시 만만치 않게 고통스럽고 뚜렷합니다. 사실 율법이 요구하는 순종은 오직 그리스도께서 우리에게 선물로 주실 수 있습니다. 그런데 교회 안에 있는 많은 성도들이 이것을 모른 채, 율법이 요구하는 순종을 자신이 직접 이루어야 한다고 오해합니다. 그리하여 그들은 정말 진지하고도 성실하게 순종의 삶을 살아서 복음이 약속한 안식에 이르러 보려고 몸부림을 칩니다. 그러나 그들은 자신의 삶에서 만족할 만한 열매를 맺을 수 없으며, 늘 피곤해하며 지쳐 있을 뿐입니다.

완벽하게 순종하려고 몸부림쳐 보지만 그때마다 실패를 거듭하면서 실망한 영혼이 느끼는 슬픔과 절망감은 얼마나 큰지요! 성령의 영감으로 기록된 성경은 사람으로서는 절대 완벽하게 순종할 수 없다는 것을 가장 잘 표현합니다.

"그러므로 율법의 행위로 그의 앞에 의롭다하심을 얻을 육체가 없나니 율법으로는 죄를 깨달음이니라"(롬 3:20).

구원을 갈망하는 영혼은 "내가 무엇을 하여야 영생을 얻을 수 있습니까? 내가 무엇을 하여야 합니까?"라고 부르짖습니다. 그는 이런 부르짖음 속에서 매일같이 율법의 의무를 이행하기 위해 몸부림을 칩니다. 그러나 그렇게 할수록 그는 더 깊은 실패를 맛보게 될 뿐입니다. 율법을 준수하려고 애쓸 때마다 더욱 쓰디쓴 절망감을 맛보게 됩니다. 그리하여 그의 마음은 지치고 병들게 됩니다.

그러나 하나님의 교회 안에는 율법적인 피곤함을 느끼는 사람들보다 좀 더 복된 소수의 사람들이 있습니다. 이 사람들은 영적으로 자신의 죄성을 깨닫고 느끼기 때문에 지치고 피곤해합니다. 물론 정치적인 핍박이나 허무한 의식으로 가득 찬 거짓 종교라는 짐도 참 견디기 힘듭니다. 그리고 질병으로 고생하는 육체라는 짐도 견디기 힘듭니다. 그러나 무엇보다도 가장 무겁고 견디기 힘든 짐은 죄의 짐입니다.

하나님의 성령께서 우리 영혼의 눈에서 도덕적인 백내장을 제거하시고 우리 마음을 어둡게 가리고 있던 베일을 들어 올리시면, 이전에는 그토록 아름답고 사랑스럽고 바람직하게 보였던 것들이 이제는 죄와 흑암과 혐오스러운 것으로 보이게 됩니다. 이렇게 되면 우리 영혼에는 정말 진정한 의미의 피곤함이 밀려오게 됩니다. 그러나 이 피곤함은 예수님께서 기뻐하시는 피곤함입니다.

여기에서 한 가지 격려의 말씀을 드리겠습니다. 여러분은 자신이 얼마나 악한 죄인인지를 느끼고 있습니까? 여러분은 자신의 죄 때문에 지치고 곤하여 심령이 낙심해 있습니까? 더 이상 혼자서는 견딜 수 없다는 태산 같은 부담감에 짓눌려 있습니까?

그렇다면 적어도 여러분에게는 영적인 감각이 살아 있는 것이고, 영적인 감각이 살아 있다는 것은 영적인 생명이 여러분에게 있다는 것이며, 영적인 생명이 있다는 것은 하나님의 성령께서 여러분의 영혼 안에 살아 계시다는 증거입니다.

시체 위에 세상에서 가장 무거운 짐을 얹어 놓아 보십시오. 시체는 아무것도 느끼지 못할 것입니다. 시체를 날카로운 물체로 찔러 보십시오. 시체는 아무런 고통이나 상처도 느끼지 못할 것입니다. 그런데 지금 여러분은 영적인 피곤함을 느끼고 있습니다. 무엇 때문입니까? 여러분의 영혼에 영적인 생명이 있기 때문입니다.

그러므로 낙심하지 마십시오. 엉겅퀴에서 여러분의 믿음에 새 힘을 얻으십시오. 쓸개에서 꿀을 뽑아내십시오. 먹는 자에게서 먹을 것을 거두십시오. 지금 여러분은 죄를 깨달은 한 사람으로서 슬픔과 탄식과 절망 속에서 여러 가지 영적인 훈련을 통과하고 있습니다. 그런데 이것 자체가 하나님께서 죽어 있던 여러분의 영혼에 새 생명을 불어넣어 주셨다는 가장 결정적이면서도 소망 있는 증거 중의 하나입니다. 그러므로 낙심하지 마십시오.

하나님의 성도들이여, 사실 제가 이렇게 말씀드리지 않아도 여러분은 이 진리를 너무나 잘 알고 있습니다. 그리스도인으로서 이런저런 경험을 하며 오랜 세월 살아오면서 여러분은 수없이 이 진리를 배워 왔습니다. 때로는 지치고 곤해 있을 때, 때로는 참된 안식을 누릴 때, 때로는 절망에 빠져 있을 때, 또 때로는 소망을 누리는 가운데서 여러분은 이 진리를 배워 왔습니다.

자기 자신의 마음에 죄가 가득하다는 사실을 아는 사람, 자신의 죄성을 보면서 애통하고 또 애통하는 가운데 안식을 찾아 그리스도께 나아오는 사람들은 거룩하신 성령님의 소생케 하는 은혜를 받은 복된 사람들입니다. 그러므로 성경은 상하고 통회하는 심령이 성령의 여러 가지 선물 가운데 가장 귀한 것이요 하나님께서 받으시는 여러 가지 제사 가운데 가장 열납되는 제사라고 가르칩니다.

본문에서 사도 요한이 기록한 제자의 영적인 상태가 바로 이런 상태입니다. 이 제자는 지치고 곤하여 안식을 찾고 있었습니다. 이 제자는 자신의 연약함을 바라보면서 슬퍼하고 있었습니다. 한마디로 말해서, 이 제자가 느끼고 있던 피곤은 하나님의 자녀가 이 세상을 살면서 경험하게 되는 모든 종류의 피곤을 다 포함하고 있습니다. 정신적인 피곤함이든 영적인 피곤함이든 모든 피곤을 다 포함하고 있습니다. 그러나 하나님의 자녀는 예수님이 사랑하시는 제자처럼 자신의 피곤한 머리를 구주 예수님의 가슴에 파묻습니다.

3. 주님의 품에서 발견하는 안식

본문에 기록된 제자가 느끼는 피곤함을 살펴보았으니 이제 이 제자가 주님의 품에서 어떤 자세를 취하고 있는지를 살펴볼 차례입니다. 먼저 이 제자는 누구입니까? 본문은 "예수의 제자 중 하나 곧 그가 사랑하시는 자"라고 강조하고 있습니다.

물론 문자적으로 볼 때 이 제자는 요한을 가리킵니다. 사도 요한은 다른 사람들에 비하여 예수님을 더 닮았기 때문에 주님의 특별한 총애를 받는 사람처럼 보였습니다. 그래서 요한도 자기 자신에게 "그가 사랑하시는 자"라는 특별하면서도 영광스러운 명칭을 붙인 것입니다.

그러나 예수님은 자기 제자들을 모두, 골고루 사랑하십니다. 이런 점에서 예수님을 따르는 모든 제자는 "예수의 제자 중 하나 곧 그가 사랑하시는 자"입니다.

그렇습니다. 예수님의 모든 제자는 예수님의 사랑을 똑같이 받습니다. 예수님이 각각의 제자에게 표현하시는 사랑의 정도에는 차이가 있을지 몰라도, 각 제자를 향한 예수님의 사랑 그 자체는 차이가 전혀 없습니다. 작은 그릇에 담을 수 있는 예수님의 사랑과 큰 그릇에 담을 수 있는 사랑은 그 분량이 다를 수 있습니다. 그러나 거기에 담기는 예수님의 사랑 자체는 똑같습니다. 그 똑같은 사랑이 두 그릇을 모두 채우는 것입니다.

그러므로 이 귀한 진리를 여러분의 마음에 깊이 새겨 놓고 이 진리로부터 위로와 확신을 얻도록 하십시오. 바로 여러분이 예수님이 사랑하시는 제자입니다.

여러분은 속으로 이렇게 생각하실 것입니다. "정말 예수님이 나 같은 사람을 깊이 사랑하실까?" 그렇습니다. 예수님은 여러분을 진실하게 사랑하십니다. 예수님은 여러분을 택하셨습니다. 예수님은 여러분을 위하여 죽으셨습니다. 예수님은 여러분의 죄를 대신 짊어지셨습니다.

예수님은 자신의 은혜로 여러분을 부르셨습니다. 예수님은 자신의 능력으로 여러분을 붙들어 주십니다. 예수님은 자신의 사랑으로 여러분을 위로하십니다. 예수님은 여러분이 거할 처소를 마련하기 위하여 하늘로 올라가셨습니다. 그리고 이 땅에서 여러 가지 역경과 시험과 슬픔으로 여러분을 인도하고 연단하고 가르치심으로써 여러분을 천국에 합당한 사람으로 빚고 계십니다.

그러므로 해가 하늘에서 빛나고 있다는 사실을 부인할망정, 지구가 돌고 있다는 사실을 부인할망정, 사계절이 돌고 있다는 사실을 부인할망정, 여러분이 존재하고 있다는 사실을 부인할망정, 예수님이 여러분을 사랑하신다는 사실만큼은 결코 의심하거나 부인하지 마십시오. 예수님께서 여러분을 위하여 이루신 일이 얼마나 많고 여러분에게 주신 복이 얼마나 많은데, 어찌 예수님의 사랑을 의심한단 말입니까?

사랑은 사랑을 낳고 애정은 애정을 낳습니다. 그러므로 만일 여러분이 여러분을 향한 우리 주님의 놀랍고도 값없는 그 사랑을 순수하게 믿고 의심하지 않는다면, 예수님의 그 사랑 때문에 여러분의 냉랭하던 마음에도 사랑의 불이 활활 타오르게 될 것입니다. 또한 여러분도 그 예수님을 뜨겁게 사랑하게 될 것입니다.

이것을 뒤집어서 생각해 보면, 그리스도를 향한 감사와 사랑이 우리 마음에 일어나지 못하게 만들고, 그런 마음을 냉각시키며 소멸시켜서 결과적으로 우리가 행하는 모든 순종과 봉사를 허물 투성이로 만드는 주범이 무엇인지를 금세 알 수 있습니다. 그것은 우리를 향한 구주 예수 그리스도의 사랑을 은근히 의심하는 것입니다.

그리스도께서 나를 사랑하시지 않을 것이라는 지독히 어리석은 생각,

지독히 냉랭한 의심, 그리고 그리스도를 지독하게 모독하는 그런 의심을 마음에 품는다는 것은 얼마나 잔인한 불신앙인지요!

정 그렇게 의심스럽다면, 땅에서든 하늘에서든 혹은 이 광대한 우주에서든 예수 그리스도처럼 우리를 사랑해 주는 사람을 한번 찾아보십시오. 그 눈에서 사랑의 빛이 나는 모든 사람을 다 찾아보십시오. 그 입술로 사랑의 말을 고백하는 모든 사람을 다 찾아보십시오. 그 손으로 사랑의 행동을 하는 모든 사람을 다 찾아보십시오. 과연 그리스도께서 여러분을 사랑하신 그 사랑을 여러분에게 베풀어 줄 수 있는 사람이 단 한 명이라도 있습니까?

그러므로 온 세상 사람들을 다 불러서 구주 예수 그리스도의 사랑 이야기를 듣게 하십시오. 그리고 다음과 같이 외치십시오.

"하나님을 두려워하는 너희들아, 다 와서 들으라. 하나님이 나의 영혼을 위하여 행하신 일을 내가 선포하리로다"(시 66:16).

"주께서 나를 위해 행하신 일
어찌 다 이루 말하랴.
이 세상 내 맘에 족쇄 채웠으나
주께서 그 저주 푸셨도다.

주님의 사랑 절반도 말 못 하리니
나 날마다 주의 사랑 봄이라.
주의 자비와 긍휼 셀 수 없고
주의 사랑 내게 기이하도다.

온 세상에 나 말할 것은
날 위해 죽으신 주님.
죄의 어둔 사슬 매여 있을 때
날 자유케 하신 주님.

주님의 사랑 얼마나 순수하고
변함 없는 사랑인지.
자신의 가장 존귀한 이름으로
날 위해 하늘에서 간구하시는 주님.

나 온 세상에 말하고 싶네.
견디기 힘든 큰 슬픔 속에서
어떻게 내 영혼에 안식 주시는지.
내 마음 주님의 가슴에 기댈 때
주께서 어떻게 위로 주시는지.

나 온 세상에 말하고 싶네.
삶의 가장 외로운 시간
이 세상의 모든 기쁨 시든 꽃처럼 메말라 갈 때
주께서 어떻게 나를 위로해 주셨는지.

나 온 세상에 말하고 싶네.
마음 괴로운 염려 속에서

내 생각 하늘로 이끄신 주님.
하늘에 계신 주님.
모든 것 사랑으로 다스리시는 주님.

나 온 세상에 말하고 싶네.
죄로 인해 피곤하고
무거운 짐 지고 넘어져 있을 때
내 안에 계신 성령의 음성으로
하나님과 맺어진 평화를 주목케 하신 주님.

오 주여, 큰 소리로 말하게 하소서.
주님의 사랑과 견줄 것 세상에 없음을.
전능하신 하나님이신 주님께서
항상 모든 것 잘 다스리심을."

다시 오늘 본문으로 돌아가 보겠습니다. 예수님이 사랑하시는 제자는 누구에게 기대어 있습니까? 그는 자신의 구주에게 기대어 있습니다. 육신을 입고 이 땅에 오신 하나님의 가슴에 기대어 쉬고 있습니다. 이것이 우리에게 가르쳐 주는 진리는 정말 놀랍고도 중요합니다. 구원이라는 중차대한 문제든 일상생활의 소소한 문제든, 우리가 기대고 의지해야 할 분은 오직 한 분, 우리의 인격적인 구주, 우리의 인격적인 친구이신 예수님뿐입니다.

반면에 이 세상은 비현실적인 것들로 가득 차 있기 때문에 매우 실제적인 인간의 필요를 충족시킬 수 없습니다. 우리가 이 세상에 존재하는 것과 우리의 죄, 그리고 우리가 겪는 고난 외에 이 세상에 존재하는 모든 것은 마치 그림자와 같습니다. 우리의 존재, 우리의 죄, 그리고 우리가 겪는 고난은 실로 심각한 현실입니다. 우리에게는 개인적인 필요가 있습니다. 우리는 인격적인 동정을 간절히 원하고 있습니다. 우리에게는 인격적으로 사모하는 것들이 있습니다. 우리는 인격적인 사랑을 간절히 원하고 있습니다.

이런 우리에게 성경은 이렇게 말씀합니다.

"크도다 경건의 비밀이여, 그렇지 않다 하는 이 없도다. 그는 육신으로 나타난 바 되시고"(딤전 3:16).

그렇습니다. 바로 이것이 우리에게 필요한 것입니다. 바로 이것이 사랑의 하나님께서 우리를 위해 마련해 주신 것입니다. 우리는 안식이 필요합니다. 그런데 우리는 어떤 교리나 원리나 어떤 사실에서 안식을 찾을 수 없습니다. 우리는 어떤 인격체 안에서, 곧 하나님의 아들이신 예수 그리스도 안에서만 안식을 찾을 수 있습니다.

우리의 행복과 안식은 우리 자신 안에서 찾을 수도 없고 우리 자신으로부터 비롯되지도 않습니다. 우리의 행복과 안식은 우리 자신 밖에서만 찾을 수 있고 우리 자신 밖에서만 비롯됩니다. 다시 말해서, 우리의 행복과 안식은 오직 그리스도 안에서만 찾을 수 있고 그리스도 안에서만 비롯되는 것입니다.

태양에서 뿜어져 나오는 모든 광선들이 태양으로 흡수되고 이슬방울이 대양으로 흡수되듯이, 그리스도인 역시 자신의 모든 죄와 재앙, 그리고 자신의 모든 궁핍함과 피곤함을 가지고 그리스도에게 파묻힙니다. 그리스도인은 그리스도의 무한하고도 풍성한 능력과 충만한 은혜, 끝없이 펼쳐진 대양처럼 넓고 깊은 그리스도의 동정과 사랑 속에 푹 잠기게 됩니다.

오늘 본문에 등장하는 온화하고 사랑스러운 요한만 예수님의 품에 기대어 쉼을 얻는 것이 아닙니다. 우리 모두도 요한과 똑같이 믿음으로 예수님의 품에 기대어 쉴 수 있습니다. 우리의 정신적이고도 영적인 모든 생각과 감정과 필요를 가지고 나아가 예수님의 품에 기대어 쉴 수 있습니다.

그리스도인이 경험하는 모든 종류의 피곤함을 넉넉히 이기는 완전한 안식은 오직 그리스도의 십자가 안에서, 또는 십자가에 달리신 그리스도 안에서만 얻을 수 있습니다. 우리를 괴롭히는 죄의 멍에를 벗을 수 있는 곳도 바로 그리스도의 십자가입니다. 그리스도의 십자가에는 죄의 멍에를 깨뜨리는 능력이 있기 때문입니다.

저 무시무시한 죄책에서 벗어나 안식할 수 있는 곳도 바로 그리스도의 십자가입니다. 그리스도의 보혈에는 우리의 죄를 씻는 능력이 있기 때문입니다. 죄의 정죄에서 벗어나 안식을 얻을 수 있는 곳도 역시 그리스도의 십자가입니다. 십자가에서 이루어진 그리스도의 죽음이 죄의 정죄를 죽였기 때문입니다. 율법의 순종으로부터 안식을 얻을 수 있는 곳도 그리스도의 십자가입니다. 십자가의 사역이 율법의 순종을 완성하고 그것을 우리의 것으로 주기 때문입니다.

사망의 쏘는 것으로부터 안식을 얻을 수 있는 곳도 그리스도의 십자가입니다. 우리 주님께서 십자가에 달려 죽으심으로 사망의 쏘는 것을 제하셨기 때문입니다. 지옥의 두려움에서 벗어나 안식을 얻을 수 있는 곳도 그리스도의 십자가입니다. 십자가의 사랑이 지옥의 문을 닫았기 때문입니다. 슬픔의 갉아먹는 힘으로부터 안식을 얻을 수 있는 곳도 그리스도의 십자가입니다. 십자가의 슬픔이 그것을 누그러뜨리기 때문입니다.

하나님의 완전한 성품들이 안식을 발견하게 된 곳도 그리스도의 십자가입니다. 십자가가 높이 세워지고 하나님의 아들이 어린양으로 그 저주의 나무에 못 박히실 때까지, 죄인을 구원하는 것과 관련하여 하나님의 여러 가지 속성들 사이에는 조화나 안식이 없었습니다.

그러나 하나님의 아들이 저주의 나무에 못 박히시고 '우리를 위하여 자신을 버리사 향기로운 제물과 희생 제물로 하나님께'(엡 5:2) 드리셨을 때, 비로소 '인애와 진리가 같이 만나고 의와 화평이 서로'(시 85:10) 입 맞추었습니다. 그리하여 하나님께서는 자신의 사랑하는 아들이 못 박혀 죽은 십자가에서 안식하실 때 비로소 자신의 사랑 안에서 안식하실 수 있었습니다.

그러므로 하나님의 사랑을 받는 우리도 십자가에서 안식해야 합니다. 십자가에 달려 죽으신 예수 그리스도를 의지하면서 안식을 누려야 합니다. 그렇게 할 때 죄를 용서해 주시는 하나님과 죄를 용서받은 영혼은 세상 죄를 지고 가는 하나님의 어린양 안에서, 신적이고도 영광스러운 그 중심 안에서, 함께 만나 사랑과 우정과 교제를 나누게 됩니다.

여러분 가운데 죄로 인해 마음이 괴로운 분들이 있습니까? 자기 자신의 악함 때문에 피곤함을 느낍니까? 세상에서 상처를 받아 지치고 낙심하였습니까? 슬픔에 짓눌려 쓰러졌습니까? 예수 그리스도의 십자가로 나아오십시오. 와서 여러분의 지친 심령을 구주 예수님의 넓은 품에 내려놓으십시오.

예수님의 품은 한없이 넓어서 여러분 한 사람 한 사람을 다 품어 주고 사랑해 주실 수 있습니다. 예수님의 마음은 그분의 존재만큼이나 무한하고 광대합니다. 여러분의 상황이 아무리 힘들고 절망적으로 보여도 낙심하지 마십시오. 그 무엇도 그리스도 안에서 우리가 안식을 누리는 것을 방해할 수 없습니다.

4. 안식을 주시는 예수님의 초대

십자가는 우리 영혼이 어떻게 안식을 얻을 수 있는지 그 비결을 가르쳐 줄 뿐만 아니라 안식을 얻을 수 있는 정당한 자격을 부여해 주고, 우리에게 안식을 얻으라고 간절히 호소합니다. 예수님은 안식에 필요한 모든 것을 우리 영혼에 공급해 주십니다. 예수님은 만유이시며 또한 만유 안에 계십니다.

그러므로 안식을 얻기 위해서 우리가 해야 할 일은 오직 한 가지뿐입니다. 바로 예수님의 충만한 데서 은혜 위에 은혜를 받는 것입니다. 은혜가 현재 요구하는 모든 것을 만족시키는 은혜, 과거 우리에게 베풀어진 모든 은혜에 상응하는 은혜, 그리고 은혜가 장차 요구할 모든 것을 만족시키는 은혜를 받는 것입니다.

더 놀라운 것은 구주 예수께서 우리에게 안식을 얻으라고 은혜롭게 초대해 주신다는 것입니다. 이것은 아무리 강조해도 지나치지 않습니다. 안식으로 우리를 초대하시는 예수님의 초대는 무조건적이고 무제한적입니다.

"수고하고 무거운 짐 진 자들아 다 내게로 오라. 내가 너희를 쉬게 하리라"(마 11:28).

이 얼마나 감미로운 초대인지요! 천국의 종소리도 이보다 더 감미로운 소리를 내지는 못할 것입니다. 그러므로 이 초대를 받아들이십시오. 이

초대는 여러분을 향한 예수님의 초대입니다.

"너희가 돌이켜 조용히 있어야 구원을 얻을 것이요, 잠잠하고 신뢰하여야 힘을 얻을 것이거늘"(사 30:15).

"내 구주여, 안식을 약속하셨으니
그 안식 제게 주소서.
제 자신에게서 벗어나는 그 안식
당신 안에서 모든 것을 발견하는 그 안식을.

잔인한 자아는 내 마음 안에서
어찌 그리 요동치며,
주님과 내 영혼 갈라놓고
안식 얻지 못하도록 하는지.

겉으로는 날 위하는듯 하나
실제로는 얼마나 교묘한지.
주님 안에서 안식을 누리고
주님께 모든 것 맡기는 것
위험한 듯 보이게 해.

나를 위해 이 안식 사는 데는
적지 않은 대가 지불하였으니
고난이라는 큰 대가를 치르고

주님 이 안식 사셨도다.

이제 내가 안식 누리는 건
주께서 많은 수고 하셨음이며
이제 내가 승리를 외치는 건
주께서 비싼 값 주고 이기셨음이라.

오 주여, 거룩한 안식 나 원하며
죄에 대한 승리 나 원하니
주께서 모든 것 위에서
홀로 다스리시길 원하나이다.

구주여, 내 힘은
침묵과 신뢰 속에 있으리니
내 힘으로 갈 수 없으니
날 이끄소서.
주님 향한 내 간구 늘 이것이라.

주님의 강한 손에 날 맡기리니
그러면 모든 것 형통하리라.
전능하신 하나님이신 주님처럼
놀랍게 일하실 이 어디 있으리요?

오 주여, 내 영혼에 영원한 빛 비칠 때까지
내 안에서 일하소서.
주님의 형상으로 완전케 될 때
나 만족하며 잠에서 깨어나리니."

진리를 진지하게 추구하는 사람은 그리스도의 십자가에 대한 이야기를 들을 때마다 자신의 마음에 쌓였던 여러 가지 복잡한 문제들이 하나 둘씩 시원하게 풀리는 것을 느낄 것입니다. 우리의 영원한 복락에 절대적으로 필요한 모든 진리가 그리스도의 십자가 안에 구체적으로 표현되어 있고 나타나 있기 때문입니다.

그렇습니다. 십자가에 못 박혀 죽으신 예수님은 본질적인 진리이셨습니다. 그분은 복음의 진리였으며, 신적이고도 구원하는 능력이 있고 거룩하게 하는 능력이 있는 진리이셨습니다. 그러므로 믿는 마음으로 그리스도를 바라보십시오.

십자가의 교리를 영적으로 깨달으십시오. 십자가를 통해서 하나님께서 이루고자 하시는 목적, 곧 예수 그리스도의 대속으로 말미암는 구원과 십자가에서 이루어진 단 한 번의 희생으로 죄인을 천국으로 인도하시려는 하나님의 목적을 아무런 의심 없이 어린아이처럼 단순하게 받아들이십시오. 그러면 신학적인 모든 난제들에 대한 명쾌한 답을 얻게 될 것입니다.

또 이전에는 의심으로 고통받고 슬픔으로 가려지고 두려움으로 요동하며 난제 앞에서 어쩔 줄 모르던 마음, 그렇게 혼돈스럽던 마음이 하나님의 진리 체계를 깨닫게 되고 구원의 완전한 계획을 알게 되며 천국을 확신하게 될 것입니다. 또한 죄인을 구원하시는 하나님의 방법이, 인간의 궁핍을 해결하는 데 알맞고 하나님의 거룩한 통치에도 합당하도록 정당하고 조화롭게 이루어졌음을 알게 될 것입니다.

여러분 가운데 "도대체 진리가 무엇일까?"라고 묻는 분이 있습니까? 그렇다면 그리스도의 십자가로 나아오십시오. 십자가에서 여러분이 찾는 답을 발견하십시오. 그리스도의 십자가 아래 자리를 잡고 앉아서 그리스도께서 감당하고 계시는 죽음의 고통을 바라보면서, 흘러내리는 주님의 붉은 보혈을 바라보면서, 짙어 가는 그리스도의 슬픔을 바라보면서, 그리고 초자연적인 이적들을 바라보면서 예수님이 전하시는 위로의 말씀을 들으십시오. 예수님은 "내가 곧 진리다"라고 말씀하십니다. 그러므로 회개하고 예수님을 믿으십시오. 그리고 구원을 받으십시오.

저는 한 번 더 여러분을 이 안식으로 초대합니다. 죄로 인해 지친 분들이여, 슬픔으로 인해 곤한 분들이여, 피조물로 인하여 지친 분들이여, 자기 자신으로 인하여 곤한 분들이여, 그리스도의 십자가로 나아와 안식을 얻으십시오. 주님이 사랑하시는 제자처럼 여러분의 머리를 그리스도께 기대십시오. 이것이 그리스도를 신뢰하는 태도요 그리스도를 향한 사랑의 표현입니다.

와서 그리스도의 마음에 여러분의 마음을 맡기십시오. 여러분의 가장 깊은 비밀을 그리스도에게 말씀드리고, 여러분의 가장 깊은 슬픔을 그리스도에게 보여 드리십시오. 그리스도께서는 여러분에게 자신의 언약의 비밀을 보여 주셨습니다. 그리스도께서 보여 주신 이 놀라운 우정에 화답하십시오. 여러분도 그리스도에게 모든 것을 말씀드리십시오. 모든 일에 그리스도를 신뢰하십시오. 모든 일에 그리스도를 의지하십시오.

오늘 본문에서 그리스도의 품에 기대어 쉬는 이 제자를 주님은 사랑하셨습니다. 그 주님이 여러분 한 사람 한 사람을 그만큼 똑같이 사랑하십니다. 오늘 본문에서 그리스도에게 자신의 머리를 기대고 쉰 이 제자의 태도도 귀하고 겸손하지만, 믿음으로 그리스도를 의지하고 안식하는 여러분의 태도는 더욱더 귀하고 하나님을 영광스럽게 합니다. 요한도 복을 받은 사람이었지만, 여러분은 더욱더 복을 받은 사람입니다. 왜냐하면 예수님께서 다음과 같이 말씀하셨기 때문입니다.

"예수께서 이르시되 너는 나를 본 고로 믿느냐? 보지 못하고 믿는 자들은 복되도다 하시니라"(요 20:29).

그러므로 주의 만찬에 참여할 때마다 오늘 본문에 기록된 제자처럼 믿음으로 그리스도에게 기대어 안식하십시오.

오늘 본문에서 주님이 사랑하시는 제자가 그리스도에게 기대어 쉰 곳은 만찬의 자리였습니다.

"그는 만찬석에서 예수의 품에 의지하여"(요 21:20).

그렇습니다. 예수님과 더불어 사랑과 교제를 나누는 이 만찬의 자리는 우리의 모든 생각과 감정과 필요를 예수님의 마음에 맡기고 그분 안에서 안식할 수 있는 얼마나 최적의 장소인지요! 또 우리의 모든 시련과 유혹과 죄를 예수님의 마음에 맡기고 그분 안에서 안식할 수 있는 얼마나 최적의 기회인지요! 주의 만찬을 통해서 우리는 그리스도의 십자가 그늘 아래로 가까이 나아가게 됩니다. 십자가에 못 박히신 그리스도께서 친히 임재해 계시는 그곳으로 가까이 나아가게 됩니다.

주의 만찬은 그리스도와 그의 백성이 특별하게 서로 교제할 수 있는 통로입니다. 만일 피곤하고 곤한 영혼이 주님의 사랑이 넘치는 품에서 참으로 안식을 누린다면, 분명히 그 장소는 주님의 사랑을 기념하는 만찬의 자리일 것입니다. 그러므로 주저하지 말고 주의 만찬에 나아가 여러분의 모든 것을 사랑의 주님께 다 보여 드리십시오. 그리고 주님께서 여러분에게 주고자 하시는 모든 은혜와 복을 다 받기 위해 열심을 내십시오.

주의 만찬이 거행되는 거룩한 시간이 매우 짧을 뿐만 아니라 주의 만찬이 자주 반복되지도 않습니다. 그러므로 특전이 부여된 그 고귀한 시간을 잡다한 생각이나 두서없는 감정이나 멍한 눈길로 낭비하지 마십시오. 오직 그리스도께 철저히 집중하십시오.

그리스도께서는 주의 만찬이라는 고귀한 시간에 전심을 다하여 여러분께 집중하십니다. 왕이신 그리스도께서는 만찬의 식탁에 앉아 여러분에게 자신의 모든 마음을 내주시면서 여러분에게 무엇이든 구하라고 재촉하십니다.

"무엇이든지 원하는 대로 구하라. 그리하면 이루리라"(요 15:7).

그러므로 주의 만찬에 나갈 때마다 기도하십시오. 다른 무엇보다도 왕이신 그리스도의 아름다움을 여러분의 영혼에 더 선명하게 보여 달라고 구하십시오. 그러면 여러분은 그리스도의 아름다움을 보게 될 것입니다.

그리스도께서 만찬의 식탁에 앉아 계시는 이유는 자신의 아름다움과 사랑을 우리에게 특별히 보여 주시기 위함입니다. 그리스도께서 자신의 성도들에게 자기 자신을 보여 주는 은혜의 통로로 가장 기뻐하시는 것은 의미심장하고도 고귀한 이 예식, 곧 주의 만찬이라는 활짝 열린 통로입니다.

"이 떡을 먹는 이들은 복이 있으며
주님 사랑하는 마음으로 머리 조아리고
주님께 기대는 사람은

두 배로 복이 있도다.

주님이 사랑하시는 제자가 맛본 기쁨
우리도 믿음으로 지금 맛보며
주님의 가슴에 기대고 앉아
하늘의 떡을 먹도다."

병들어 누워 있을 때나 죽음의 문턱에 서 있을 때, 그리스도의 가슴이 아니면 어디에 우리의 곤한 머리를 기댈 수 있으며, 또 우리가 어디에 우리의 머리를 기대려 하겠습니까?

우리는 생의 마지막 순간까지 우리의 믿음 가운데 십자가를 품고 다닙니다. 십자가 위에서 그리스도는 우리를 위하여 사망을 정복하셨습니다. 그러므로 우리는 십자가로 우리 안에서 사망을 정복합니다. 그리고 우리 주님이 그러셨던 것처럼, 우리도 죽음을 통해서 오히려 영원한 삶을 얻으며, 죽음을 통해서 오히려 죽음을 정복합니다.

질병과 죽음의 침상에 있을 때 예수 그리스도의 십자가 안에서 발견하는 안식은 얼마나 감미롭고도 완전한지요! 그리스도의 십자가 때문에 질병의 침상도 장미꽃 향내 가득한 아름다운 침대로 변하고, 죽음의 베개도 부드러운 솜털 베개로 변하며, 무덤의 문도 천국의 문으로 변합니다. 이 얼마나 놀라운 진리인지요!

하나님의 성도가 질병으로 아프고 잠 못 이루며 지쳐 있다가 마침내 그 머리를 기대고 쉰다면, 그때는 그의 영혼과 육체가 분리되는 때요, 예수님께서 가까이 다가오셔서 그 넓은 가슴을 우리에게 내주시며, 자신의 형용할 수 없는 사랑 안에서 완전한 안식을 누리라고 우리의 영혼을 위로해 주시는 바로 그때입니다.

유명한 찬송가 작시자인 호라티우스 보나르 목사는 다음과 같이 주님의 음성을 노래하였습니다.

"내게로 와서 쉬어라, 너 곤한 이들아
내 품에 와서 안기라 주 말씀하셨네.
곤하고 슬픈 죄인이 주 앞에 나온 후
주 안에 편히 쉴 곳과 큰 기쁨 얻었네.

값없이 주는 생수로 영생을 얻으라
목마른 사람 오라고 주 말씀하셨네.
내 주가 주신 생수를 나 받아 마신 후
내 영혼 소생하였고 주 함께 살겠네.

내가 곧 세상 빛이니 날 바라보아라
광명한 아침 오리라 주 말씀하셨네.
새벽 별이신 주님을 나 바라보면서
순례 길 끝날 때까지 빛 따라가리라."

6장 그리스도의 십자가, 그리스도인의 무기
The Cross of Christ the Christian's Weapon

> 또 우리 형제들이 어린양의 피와
> 자기들이 증언하는 말씀으로써 그를 이겼으니
> 그들은 죽기까지 자기들의 생명을 아끼지 아니하였도다
> _계 12:11

오늘 본문 말씀은 동일하게 성령으로 영감 되고 교훈을 주는 또 다른 성경 말씀, 곧 고린도전서 1장 27,28절 말씀의 매우 감동적인 실증입니다.

"하나님께서 세상의 미련한 것들을 택하사 지혜 있는 자들을 부끄럽게 하려 하시고, 세상의 약한 것들을 택하사 강한 것들을 부끄럽게 하려 하시며, 하나님께서 세상의 천한 것들과 멸시받는 것들과 없는 것들을 택하사 있는 것들을 폐하려 하시나니."

그리스도의 십자가는 세상이 보기에는 '미련한 것' '약한 것' '천한 것' '멸시받는 것'입니다. 그러나 하나님께서는 그 십자가를 자신의 택하신 교회를 구원하는 도구로, 인간의 마음 안에서 하나님을 대적하는 모든 원수들을 정복하는 도구로, 이 세상에서 하나님의 나라를 확장시키는 도구

로, 하나님의 절대 주권에 반역하는 세력들을 굴복시키는 도구로 선택하셨습니다.

십자가에 달리신 그리스도를 설교하는 것은 매우 연약하고 원시적이며 수치스러운 일처럼 보입니다. 사람들은 그것을 멸시합니다.

그러나 하나님께서는 인간의 영혼 안에 있는 죄의 세력을 전복시키는 방법으로 바로 그것을 선택하셨습니다. 이 세상에 군림하는 신을 그 권좌에서 몰아내는 방법으로 그것을 택하셨습니다. 거짓된 모든 종교를 전복시키고 세상의 세력을 그리스도의 영광스러운 통치 아래 굴복시키는 방법으로 하나님은 바로 그리스도의 십자가를 선택하셨습니다.

짧은 시간에 이 매력적인 주제를 다 논할 수는 없습니다. 그러므로 오늘은 범위를 좁혀서 신자의 개인적인 삶에 관해서만 살펴보겠습니다.

오늘 본문 말씀은 일차적으로 숭고한 순교자들의 무리를 가리킵니다. 그런데 여기에는 모든 시대의 기독교에 동일하게 적용될 수 있는 어떤 원리가 포함되어 있습니다. 또한 하나님의 교회가 개별적으로든 총체적으로든 만나게 되는 모든 형태의 영적인 방해 세력에 대한 내용도 포함되어 있습니다.

사실 그리스도인의 삶은 윤리적인 갈등과 영적인 전투의 연속입니다. 우리 주님 예수 그리스도는 다른 무엇보다도 이것을 특히 강조하셨습니다.

"내가 세상에 화평을 주러 온 줄로 생각하지 말라. 화평이 아니요 검을 주러 왔노라"(마 10:34).

여기에서 예수님은 자신이 이 땅에서 전한 하늘의 신령한 신앙은 이 세상을 구원하고 복을 주기도 하지만 동시에 본질적으로 이 세상의 원리와 정신에 정면으로 부딪치게 되어 있다는 것을 알려 주셨습니다. 또 그렇기 때문에 자신이 전한 '세상에 속하지 않는 신앙'을 믿고 고백하는 사람들은 사방에서 적대시될 뿐만 아니라 가장 거룩하고도 소중한 인간관계인 가족에게서도 버림을 받아 그 집안 식구가 그 사람의 원수가 될 것임을 알려 주셨습니다.

1. 성도들의 무기인 그리스도의 십자가

그런데 오늘 본문을 통해서 우리가 살펴보고자 하는 중심 진리는 이 거룩한 전쟁에서 승리를 거두기 위한 성도들의 무기가 무엇이냐 하는 것입니다. 그 무기는 사람이 만들어 낸 것이 아닙니다. 이 세상의 용기도 아니며, 육체의 힘도 아닙니다. 성도들의 무기는 하나님이 공급해 주시는 것으로서, 천상적이며 신적인 것입니다.

물론 사람들의 눈에는 이 무기가 너무 단순하고 초라하게 보입니다. 그러나 사실 이 무기는 가장 강력하며, 모든 것을 이기며, 모든 것이 가능한 무기입니다. 이 무기가 정확히 무엇입니까? 바로 그리스도의 십자가입니다. 오늘 본문은 이렇게 말씀합니다.

"또 우리 형제들이 어린양의 피와……그를 이겼으니."

사랑하는 여러분, 이 주제는 우리가 상상할 수 없을 정도로 가장 중요하고 귀한 주제입니다.

그리스도를 위하여 세상을 이길 수 있는 무기는 우리 마음에 있는 악의 세상도 정복할 수 있습니다. 그리고 이 무기는 믿음의 손에 붙들려 사용되기만 하면 천국으로 가는 우리의 길을 가로막는 모든 방해물을 정복하고 물리칠 수도 있습니다. 순교자들이 어린양의 피를 의지하여 이긴 것처럼 우리도 어린양의 피를 의지하면 이길 수 있습니다.

이 무기는 하늘로부터 내려온 무적의 무기입니다. 그 어떤 적도 이 무기를 이길 수 없고, 그 어떤 방해 세력도 이 무기를 당할 수 없으며, 그 어떤 동맹도 이 무기를 정복할 수 없습니다. 공격 무기도 되고 방어 무기도 되는 그리스도의 보혈은, 비록 그 무기를 붙잡고 휘두르는 믿음의 팔이 너무 약하다고 할지라도 우리가 싸워야 하는 거룩한 전쟁에서 이기게 하는 만능 무기요 무적의 무기입니다.

2. 신자들의 영적 방해 세력

그렇다면 이 무적의 무기가 특별히 싸우고 이기게 되는 여러 가지 형태의 방해 세력, 곧 신자의 삶 가운데 있는 영적인 방해 세력 가운데 몇 가지를 잠시 살펴보겠습니다.

사랑하는 여러분, 물론 저는 여러분이 개인적인 삶에서 싸우고 있는 방해 세력을 일일이 다 열거할 수는 없습니다. 그러나 이것만은 여러분께 꼭 말씀드리고 싶습니다. 지금 여러분이 어떤 원수들과 더불어 이 거룩한 영적 전쟁을 수행하고 있든, 그것이 여러분의 마음 안에 있는 원수든 아니면 마음 밖에 있는 원수든, 또 그것이 하나님의 생명 안에서 여러분이 진보하는 것을 가로막는 그 어떤 장애물이든 간에 만일 여러분에게 예수 그리스도의 피를 바라보는 믿음이 있다면, 그리스도의 십자가를 무기로 사용할 수 있는 믿음이 있다면, 그리고 그리스도의 은혜의 보고로부터 필요한 은혜를 얻어 낼 수 있는 믿음만 있다면, 여러분도 그리스도의 피를 의지함으로써 승리하게 될 것입니다.

그리스도인의 영적 싸움의 첫 번째 적은 잘못된 가르침입니다. 하나님의 교회는 진리를 사수하고 사랑하는 사람들로 구성되어 있습니다. 그러하기에 하나님의 사람들에게는 진리가 가장 소중합니다.

하나님의 사람들은 계시된 하나님의 진리 중에서 일점일획도 버릴 수 없습니다. 그들은 어느 한 가지 교리나 명령도 무관심하게 대할 수 없으며, 아무렇지도 않은 듯이 버릴 수 없습니다. 이 거룩하고도 소중한 진리들로 인하여 그의 영혼이 소생되었고 거룩하게 되었으며 위로를 누리기 때문입니다.

그러므로 하나님의 교회는 어떤 형태든지 거짓된 기독교 신앙을 만나거나 기독교 신앙의 본질적인 교리 가운데 어느 하나라도 부인하는 사람들을 만나게 되면, 영적인 싸움을 하지 않을 수 없습니다. 만일 우리가 그리스도의 충성스러운 제자라면, 만일 우리가 십자가의 참된 병사라면, 당연히 우리는 하나님의 전신갑주를 단단하게 입고서 성령의 검을 들고 진리를 위하여 용감하게 싸워야 합니다.

"성도에게 단번에 주신 믿음의 도를 위하여 힘써 싸우라"(유 1:3).

우리의 두 번째 적은 세상입니다. 어느 시대든지 이 세상은 늘 교회가 맞붙어 싸워야 할 가장 교활하고도 교묘한 원수였습니다. 이 세상은 하나님의 자녀들을 그리스도에게서 떨어뜨리기 위해 여러 가지 모습으로 변장하고 다가옵니다. 또 그럴듯한 논리로 무장하고 우리를 설득하며, 합법적인 방법들을 동원하여 세상의 황홀함이라는 마법으로 하나님의 자녀들을 어떻게든 옭아매려고 온갖 애를 다 씁니다.

그러므로 경건과는 아무런 상관도 없는 이 세상이 늘어놓는 궤변을 물리치고, 이 세상이 우리 앞에 미끼처럼 던져 놓는 여러 가지 달콤한 유혹들을 물리치기 위해서는, 결코 적지 않은 영적 전쟁의 기술이 필요합니다.

얼마나 많은 사람들이 기독교 신앙을 고백하다가 이 세상의 논리에 정복당했는지 모릅니다. 또 얼마나 많은 사람들이 이 세상의 우정에 넘어가고, 이 세상의 쾌락에 압도되었는지 모릅니다. 또 얼마나 많은 사람들이 이 세상의 유혹에 백기를 들었는지 모릅니다. 참으로 많은 사람들이 데마처럼 불경건한 세상을 사랑하여 그리스도를 버렸습니다(딤후 4:10 참고).

그들이 사랑한 세상은 과연 어떤 곳입니까? 이 세상은 하나님의 교회를 공공연히 저주하는 원수입니다. 이 세상은 교회의 머리이신 예수 그리스도를 십자가에 못 박아 죽였고, 그리스도의 지체된 그리스도인들을 박해하였습니다. 이런 세상은 그리스도의 제자들이 그리스도를 더 가까이 따르면 따를수록, 또 그리스도의 제자들이 세속적인 것들을 버리고 그리스도를 더 진실하게 믿으면 믿을수록, 더 철저하고 더 강력하게 그들을 원수로 여기고 대적합니다.

그러나 우리는 이 세상이 찡그린 얼굴로 하나님의 교회를 바라볼 때보다 웃는 얼굴로 바라볼 때 더욱 두려워해야 합니다. 이 세상이 모욕적인 말로 교회를 냉소할 때보다 마음을 사로잡는 아름다운 말로 유혹할 때 더욱 두려워해야 합니다. 이 세상이 경멸하는 말로 교회를 조롱할 때보다 그럴듯한 약속들을 늘어놓을 때 더욱 두려워해야 합니다.

이 세상이 교회를 핍박할 때는 그리스도인의 영적 생명력은 사실 전혀 피해를 입지 않습니다. 오히려 이 세상이 부드러운 자장가를 부르면서 교회를 어르고 달랠 때, 수많은 그리스도인들이 영적인 생명력을 상실하였습니다.

그리스도인의 강력한 세 번째 적은 이 세상 신입니다. 이 세상 신은 그

형상이 눈에 보이지도 않고 다니는 소리가 들리지도 않습니다. 이 세상 신은 다가오는지도 모르게 살짝 다가와서 교활하기 짝이 없는 많은 유혹으로 그리스도인을 무참하게 공격합니다.

이 세상 신이 얼마나 치밀하게 작전을 세우고, 또 얼마나 성공적으로 자신의 계획을 실행하는지 참으로 놀라울 정도입니다. 성경의 표현대로라면 이 세상 신은 '형제들을 참소하던 자'(계 12:10), '공중의 권세 잡은 자'(엡 2:2), '불순종의 아들들 가운데서 역사하는 영'(엡 2:2)입니다. 이 각각의 명칭이 의미하는 바는 굉장합니다. 우리가 날마다 시간마다 맞붙어 싸워야 하는 원수는 결코 만만한 적수가 아닌 것입니다.

또한 세상에 있는 죄, 교회 안에 있는 죄, 그리고 신자 개인 안에 있는 죄도 그리스도인을 강력하게 대적하는 원수들 가운데 하나입니다. 우리는 모든 장소와 모든 시간에 죄와 맞붙게 되어 있습니다. 우리가 골방에서 혼자 기도하는 시간도 결코 예외일 수 없습니다. 골방에서 혼자 기도하는 그 시간에도 죄는 우리의 죄악 된 마음속에서 여전히 활동하고 있기 때문입니다.

그리스도인이 얼마나 거룩한 삶을 살아야 하는지에 대하여 하나님께서 정해 놓으신 기준과, 그리스도인이 얼마나 헌신을 해야 하는지에 대하여 성경이 요구하는 정도는 그리스도인이 최선을 다해서 성취할 수 있는 것보다 훨씬 더 높습니다. 하나님의 자녀에게 이것은 얼마나 엄숙한 생각인지요! 우리는 우리 자신이 단지 부분적으로만 새로워졌을 뿐이라는 사실을 인정하지 않을 수 없습니다.

사실 우리는 성도라는 이름을 달고 살기에는 너무나 부족한 사람들입니다. 물론 우리는 그리스도를 위해 많은 것을 한다고 합니다. 그러나 죄는 우리가 하는 모든 행동을 더럽힙니다. 이런 우리 자신이 얼마나 부끄러운지 때로는 이 싸움을 포기하고 원수에게 백기를 들고 싶은 유혹에 빠지기도 합니다. 그래서 슬픔 가운데 이렇게 탄식합니다.

"오호라 나는 곤고한 사람이로다. 이 사망의 몸에서 누가 나를 건져 내랴"(롬 7:24).

지금까지 말씀드린 것 외에 시련이라는 훈련도 그리스도인을 대적하는 만만치 않은 적입니다. 시련이란 그 의미 그대로 그리스도인의 인격과 기독교 신앙을 흔들어 시험하는 여러 가지 것들을 말합니다. 하나님께서는 우리의 유익을 위하여 그 섭리로 우리에게 고난을 주시는데, 사탄과 죄는 오히려 그것을 우리 마음에 있는 부패한 본성을 자극하는 기회로 삼아 하나님의 뜻을 거역하기 좋아하는 의지의 악한 면을 충동질합니다. 이렇게 되면, 그리스도인은 얼마나 힘든 싸움을 하게 되는지요!

그러나 우리의 주 하나님께서는 오히려 이것을 통해서 우리를 가르치십니다. 이 고통스러운 훈련과 자신을 낮추지 않으면 안 되는 여러 상황을 통해서, 우리 주 하나님은 우리에게 죄와 더불어 싸우는 영적 기술을 가르쳐 주십니다. 그리하여 우리를 십자가의 군병으로 만드시고 거룩한 전쟁에서 더 강력하고 더 성공적인 군사가 되게 하십니다.

시련을 통과하는 것보다 더 어려운 일은 없습니다. 그러므로 그리스도를 따르는 군대의 선봉에 서도록 가장 잘 훈련된 하나님의 사람, 그리스도의 군대가 이 세상과 마귀와 육체와 맞서 싸울 때에 맨 앞에 서서 싸워야 할 사람은 여러 가지 시련을 통해서 교훈을 얻은 사람이요 여러 가지 고난을 통과하고 위대한 승리를 쟁취한 사람입니다. 용맹하게 싸워서 승리를 거두는 십자가의 군병은 슬픔이라는 하나님의 학교에서 배우고 훈련받은 사람입니다.

그렇습니다. 거룩함에 있어서 가장 탁월한 성도들은 언제나 고난을 통과하고 승리를 쟁취한 성도들이었습니다. 믿음이라는 위대한 싸움에서 고난을 통과하고 승리를 쟁취한 성도들 역시 언제나 가장 큰 고난을 통해서 연단을 받았던 성도들이었습니다.

탁월한 거룩함과 그리스도인의 성품을 온전히 이루려면 반드시 큰 고난을 겪어야 합니다. 고난이라는 용광로를 통과해야만 비로소 그 신자의 신앙은 온전하게 시험을 통과하고 검증되는 것이기 때문입니다. 기독교 신앙 안에서 우리가 행하는 모든 외적인 활동은 우리의 신앙 인격의 일부분만 보여 줄 뿐입니다. 성령께서 우리 안에 주신 소극적인 은혜들을 개발하고 발휘하기 위해서는 반드시 고난이 필요합니다. 이 두 가지가 함께 있을 때 그리스도의 군사로서의 인격이 형성되는 것입니다.

7장 그리스도의 십자가, 그리스도인의 연합의 중심
Christ Crucified the Center of Christian Union

너희는……다 그리스도 예수 안에서 하나이니라
_갈 3:28

그리스도의 십자가에 관하여 지금까지 말씀드린 것에는 중요한 것이 하나 빠져 있습니다. 지금까지 말씀드린 것은 뭔가 불완전합니다.

물론 그리스도의 십자가를 아무리 자세히 설명한다고 해도 완전할 수는 없을 것입니다. 그러나 지금까지 말씀드린 것이 불완전하다고 하는 이유는, 이번 시간에 말씀드릴 주제를 아직 말씀드리지 않았기 때문입니다. 곧 십자가에 못 박히신 그리스도가 그리스도인들의 연합의 중심이요, 하나님의 한 교회에 속한 모든 참된 성도들이 나누는 거룩한 교제의 중심이라는 것입니다. 오늘 저는 그 부족한 부분을 채우고 십자가에 관한 연속 설교를 마치고자 합니다.

이 연합이라는 주제는 우리 주님 예수 그리스도께서 이 땅에서 드리셨던 중보 기도 가운데 가장 감동적인 한 대목과 완전하고도 아름답게 조화를 이룹니다. 예수님은 이렇게 간구하셨습니다.

"아버지께서 내 안에, 내가 아버지 안에 있는 것같이 그들도 다 하나가 되어 우리 안에 있게 하사 세상으로 아버지께서 나를 보내신 것을 믿게 하옵소서"(요 17:21).

오늘 본문 말씀에서 사도 바울이 말하고자 하는 위대한 진리는 바로 이것입니다.

"너희가 다 믿음으로 말미암아 그리스도 예수 안에서 하나님의 아들이 되었으니, 누구든지 그리스도와 합하기 위하여 세례를 받은 자는 그리스도로 옷 입었느니라. 너희는 유대인이나 헬라인이나 종이나 자유인이나 남자나 여자나 다 그리스도 예수 안에서 하나이니라"(갈 3:26-28).

바울의 말을 쉽게 풀어 쓰면 이렇게 됩니다.

"주 예수님이 우리의 중심이다. 그래서 하나님의 교회 안에 존재하는 민족적 차이, 교회 조직의 차이, 종교적인 모든 차이는 햇살이 태양 안에서 융합되고 강이 바다에서 하나가 되듯이 그리스도 예수 안에서 융합된다. 그러므로 그리스도는 만유 안에서 만유이시다."

그렇습니다. 주의 백성들의 연합과 일치는 그리스도의 마음에 매우 소중한 주제이며, 그리스도의 영광과 밀접하게 연관되어 있습니다. 그리고 그것은 주의 백성들의 거룩과 행복, 유용성과 불가분의 관계에 있습니다.

제가 정말 기쁜 이 주제를 여러분에게 말씀드리는 동안 성령께서 우리 모두를 도우시고 복 주시기를 바랍니다. 우리가 그리스도인의 연합의 중심과 그 연합에서 흘러나오는 여러 가지 복들과 의무들을 숙고하는 동안 성령께서 우리 모두를 도우시고 복 주시기를 바랍니다.

그리스도인이 서로 연합하는 데 중심이 되는 것은 기독교 신앙의 중심과 똑같습니다. 그것은 바로 그리스도의 십자가입니다. 어떤 체계든지 중심이 파괴되면 결국 체계 전체가 파괴되기 마련입니다. 중심을 제거하면, 전체를 서로 연결해 주고 일치시켜 주는 것을 파괴한 것이기 때문입니다.

예를 들어, 하나님의 진리를 생각해 보십시오. 만일 어떤 사람이 그리스도의 신성을 부인한다면, 결국 그 사람은 그리스도의 속죄도 부인하게 될 것입니다. 이것은 불 보듯 뻔한 일입니다. 이 두 가지는 기독교 신앙 전체의 서고 넘어짐을 결정하는 핵심 조항이기 때문에 한 가지가 넘어지면 다른 하나가 넘어지는 것은 시간문제입니다.

하나님의 도덕적 통치를 옹호하면서 동시에 죄인을 구원하는 유일한 방편인 그리스도의 속죄는, 그리스도께서 본질적으로 하나님이시기에 가능하고 유효합니다. 그러므로 만일 그리스도께서 하나님이 아니라면, 그리스도는 결코 우리의 구주가 되실 수 없습니다. 단순히 사람일 뿐인 구주는 죄인을 천국으로 인도할 수 없습니다.

이와 같이 속죄의 교리를 파괴하고 그리스도의 대속의 죽음을 부인하면, 죄 가운데 빠져 지옥으로 달려가고 있는 영혼이 영광의 소망을 세울 수 있는 유일한 기초도 완전하게 파괴되고 제거됩니다. 그러므로 오늘 제가 여러분에게 말씀드리는 이 교리는 매우 중요하고 가장 중요한 교리입니다. 즉, 예수 그리스도 안에서 모든 신자는 하나라는 교리입니다.

1. 그리스도와 신자의 연합

먼저 모든 신자가 그리스도와 연합되어 있다는 것을 말씀드리겠습니다.

모든 신자는 예수 그리스도와 더불어 지극히 중요한 연합을 이루고 있습니다. 이것은 각각의 신자들이 그리스도를 알고 사랑하고 그분을 믿는다고 확증해 주는 교리보다 더 차원 높은 진리입니다. 이것은 각각의 신자들이 오직 그리스도의 보혈과 의만 의지하고 모든 사람들 앞에서 그리스도를 고백한다는 교리보다 더 차원 높은 진리입니다.

물론 다른 교리들도 모두 중요합니다. 하나님께서는 모든 교리를 우리 마음에 귀하게 만드셨습니다. 그러나 이 연합의 교리, 즉 그리스도를 믿는 신자가 영원히, 그리고 영적으로 그리스도 안에 있으며, 불가분의 관계로 그리스도 안에 있고, 생명으로 연결되어 있다는 이 연합의 교리는 모든 교리 중에서도 가장 중요하며, 다른 모든 교리들의 근거가 됩니다.

우리가 예수 그리스도를 알고 그 지식을 통하여 그리스도를 사랑하고 그 사랑을 통하여 그리스도께 순종하고 그 순종을 통하여 이 땅에서 천국을 경험할 수 있는 것은, 우리가 그리스도 예수와 하나가 되었기 때문입니다. 결국 내가 주 예수 그리스도와 하나가 되었다는 이 위대한 연합의 진리가 앞서 열거한 생생하고도 귀중한 모든 은혜와 복들의 근원인 것입니다. 즉, 내가 그리스도와 연합되어 있기 때문에 그 모든 은혜와 복들을 누리게 된다는 말입니다.

1) 그리스도 밖에 있는 사람

만일 어떤 사람이 예수 그리스도 밖에 있다면, 그 사람은 가장 비참하고도 위험한 상태에 있는 것입니다. 그가 어떤 형태의 교회를 선호하느냐 하는 것은 전혀 중요하지 않습니다. 또 그가 교회사 가운데 있었던 여러 가지 신앙고백 중에 어떤 것을 취했느냐 하는 것도 전혀 중요하지 않습니다.

중요한 것은 오직 한 가지뿐입니다. 그가 주 예수 그리스도와 영적으로 연합되어 있느냐 하는 것입니다. 만일 그렇지 않다면, 그 사람은 구원받지 못한 사람이요 금방이라도 지옥에 떨어질 수 있는 위급한 상태에 있는 사람입니다.

이렇게 말씀드리면 많은 분들이 궁금하게 여기실 점이 있습니다. "그리스도 밖에 있는 사람들은 도대체 어떤 사람들인가?"라는 점입니다. 지금부터 그것에 대해 설명해 드리겠습니다. 제가 이것을 설명하는 동안 여러분이 각자의 양심에 이 진리를 적용할 수 있도록 하나님께서 도와주시기를 바랍니다.

만일 여러분이 단 한 번도 여러분의 죄를 하나님 앞에서 회개한 적이 없다면, 만일 여러분이 단 한 번도 복되신 성령님에 의해서 상한 심령이 되어 본 적이 없다면, 또 만일 여러분이 단 한 번도 탄식 가운데 울면서 '하나님이여, 이 죄인을 불쌍히 여기시옵소서!'라고 부르짖어 본 적이 없다면, 여러분은 그리스도 밖에 있는 사람입니다.

모든 불신자는 그리스도 밖에 있습니다. 그렇다면 어떤 사람들이 불신자입니까? 아마도 여러분의 생각에 가장 먼저 떠오르는 사람은 전혀 부끄러운 줄 모르고 공공연하게 하나님을 모독하는 사람들일 것입니다. 예를 들어, 성경이 하나님의 영감으로 기록된 책이라는 사실을 부인하는 사람들, 성경이 성령에 의해서 기록된 책이라는 사실을 부인하는 사람들입니다.

그러나 여러분의 생각이 여기에서 멈춘다면, 여러분은 한 가지 중요한 사실을 놓치고 있는 것입니다. 어떤 사실입니까? 위와 같은 사실을 다 인정하면서도 실제의 삶에서는 주 예수 그리스도를 부인하는 사람들도 궁극적으로 불신자에 포함된다는 사실입니다.

그리스도께서 여러분의 마음의 문을 두드리면서 오랫동안 서 계시는데도 여러분이 끝까지 마음 문을 열지 않고 믿음 안에서 그리스도를 영접하지 않는다면, 여러분도 앞서 언급된 불신자나 다를 바 없습니다. 비록 성경을 하나님의 말씀으로 인정하고 교회에 출석하기는 하지만, 여러분은 불신자와 똑같이 삶 속에서 주 예수 그리스도를 부인하며 그리스도와 연합되어 있지 않습니다. 그래서 그리스도 밖에 있는 사람이 되는 것입니다.

물론 여러분은 교회 안에서 열심히 신앙생활을 하며 종교적인 의무를 신실하게 감당하고 있다고 항변할지도 모릅니다. 그러나 아무리 그래도 여러분은 기껏해야 불쌍한 바리새인에 불과합니다. 여러분은 썩어 버리고 말 자신의 의로 자신을 감싸고 있습니다. 여러분은 자신의 행위를 대단한 것이라도 되는 듯이 의지합니다.

여러분은 종교적인 의무를 이행하고서는 그것을 의지하며 자랑합니다. 여러분은 자신의 의를 이루려고 바쁘게 돌아다닙니다. 그러나 정작 여러분은 단 한 번도 하나님의 율법 아래서 여러분의 죄가 얼마나 악한 것인지를 깨달아 본 적이 없습니다. 또한 여러분의 미덕이라는 것이 기껏해야 세련된 죄에 불과하다는 것을 단 한 번도 깨달은 적이 없습니다. 여러분은 여러분이 그토록 자랑스러워하고 뽐내는 모든 자기 의가 하나님 앞에서는 역겹고도 혐오스러운 죄에 불과하다는 것을 단 한 번도 깨달은 적이 없습니다. 그러므로 여러분은 그리스도 밖에 있는 사람입니다.

형식적인 신앙으로 자신을 꾸미고 있는 가련한 사람들도 그리스도 밖에 있는 사람들입니다. 이런 사람들은 겉으로만 그리스도를 믿고 따릅니다. 뜻밖에도 이런 사람들은 때때로 주의 만찬에 열심히 참여합니다. 그러나 이들의 신앙은 마치 기름 없는 등잔처럼 구원의 은혜가 전혀 없는 껍데기 신앙에 불과합니다.

물론 이런 사람들도 신앙을 멋들어지게 고백하고 대단히 열심히 신앙생활을 하며 종교적인 의무를 충실히 감당합니다. 그러나 결정적으로 이런 사람들은 그리스도와 연합되어 있지 않습니다. 겉으로 볼 때는 대단히 신앙이 깊은 사람처럼 보이지만, 사실은 그리스도 밖에 있습니다.

그리스도 밖에 있는 사람들은 말로 다 형용할 수 없을 만큼 비참한 상태에 처해 있습니다. 그리스도 밖에 있다는 것은 율법의 모든 저주 아래 놓여 있다는 것을 의미하기 때문입니다. 또 그리스도 밖에 있다는 것은 피난처가 전혀 없고 구원해 줄 이도 전혀 없으며, 구속해 줄 이도 전혀 없다는 것을 의미하기 때문입니다.

그리스도 밖에 있다는 것은 다가오는 하나님의 진노를 결코 피할 수 없다는 것을 의미합니다. 그리스도 밖에 있다는 것은 불경건한 삶을 살다가 아무런 소망도 없이 죽는 것을 의미합니다. 이 얼마나 비참한 삶인지요!

노아의 홍수 이전에 이 세상을 살았던 사람들을 생각해 보십시오. 그들 가운데 많은 사람들이 방주를 짓는 일에 참여하였을지도 모릅니다. 그러나 그들은 하나님의 의로운 사람, 노아의 경고와 간청을 무시하고 비웃었습니다. 방주가 완성되고, 하나님의 택함을 받아 긍휼을 얻은 피조물들이 방주 안으로 다 들어가고 하나님께서 방주의 문을 닫으실 때까지 그들은 노아를 비웃었습니다.

그러다가 결국 하늘이 어두워지고 끊임없이 번개가 치고 천둥이 울리고 비가 내리기 시작한 후에 그들은 어떻게 되었습니까? 그들은 모두 멸망하고 말았습니다. 왜 그랬습니까? 그들이 방주 안으로 들어가지 않았기 때문입니다.

노아처럼 저는 한 사람의 설교자로서 여러분의 회심을 갈망하면서 간곡히 말씀드립니다. 머지않아 온 세상에는 하나님의 진노가 임할 것입니다. 만일 여러분이 주 예수와 영적으로 연합하지 않는다면, 만일 여러분이 그리스도 안에 속하지 않는다면, 하나님의 진노가 폭풍우처럼 임하게 될 때 여러분에게는 아무런 피난처도 없을 것입니다. 그때가 되면 이 세상의 그 어떤 것도 거룩하고 공의로우신 주 하나님의 진노의 태풍으로부터 여러분을 지켜 줄 수 없을 것입니다. 그리스도 밖에 있는 사람에 대해서는 이 정도로만 말씀드리겠습니다.

2) 그리스도 안에 있는 사람

이제 그리스도 안에 있는 사람에 관하여 말씀드리겠습니다. 참된 신자가 그리스도 안에 연합되어 있다는 것은 얼마나 귀중하고도 즐거운 주제인지요! 모든 신자는 예수 그리스도 안에 있고 예수 그리스도를 사랑하며 예수 그리스도 안에서 영원히 택함을 받았습니다.

이것을 단지 메마른 교리로 취급하지 마십시오. 이 교리에는 우리를 거룩하게 하는 영향력이 전혀 없다고 오해하지 마십시오. 저는 이 교리야말로 그리스도의 사역자가 전할 수 있는 모든 메시지 중에서 그리스도를 가장 크게 높이고 하나님을 가장 영화롭게 하며 우리 영혼을 가장 거룩하게 하는 가장 탁월한 교리라고 믿습니다.

하나님께서 신자에게 주시는 모든 귀한 은혜와 사랑의 원천이 어디에 있는지 거슬러 올라가 보십시오. 하나님께서 은혜 언약의 대표가 되시는 예수 그리스도 안에서 여러분을 영원 전부터 사랑하고 선택하신 것이 그 원천입니다. 그러므로 여러분의 믿음과 사랑으로 하여금 현재 누리고 있는 은혜에만 머물지 말고 그 원천까지 올라가도록 하십시오. 곧 우리 주 예수 그리스도 안에서 여러분을 영원 전부터 사랑하신 하나님의 사랑에 주목하도록 하십시오.

하나님께서는 우리의 머리가 되시는 예수 그리스도 안에서 자신의 사랑으로 영원 전에 우리를 택하시면서 이미 우리에게 주실 모든 영적인 복들을 예비해 놓으셨습니다. 이것은 생각만 해도 얼마나 큰 기쁨이 되는지요!

하나님께서는 아무런 대가도 요구하지 않고 자신의 주권적인 은혜로 그리스도 안에서, 그리스도와 맺어 주시려고 여러분을 부르셨습니다. 하나님께서 그렇게 여러분을 부르실 때, 여러분은 그 복된 부르심을 거부할 수 없습니다. 왜냐하면 여러분은 성령의 효과적인 부르심을 따라 자신의 무가치함과 죄악 됨을 진실하게 깨닫게 되기 때문입니다.

성령의 위대한 직무는 주 예수 그리스도를 영화롭게 하는 것입니다. 그리고 그 성령께서 그리스도를 가장 영화롭게 하는 방법은 자기 자신의 의와 형식적인 신앙을 가지고 살던 불쌍한 죄인을 불러서, 자신의 모든 죄에서 구원 얻기 위하여 오직 주 예수 그리스도를 영접하게 만드는 것입니다.

이 위대하고도 보배로운 연합의 교리 안에는 예수 그리스도 안에서 하나님께서 우리를 용납하시고 의롭다 칭해 주시는 것이 포함되어 있습니다. 칭의가 무엇입니까? 그것은 우리가 그리스도와 연합되는 것입니다. 만일 우리가 하나님 앞에서 의롭다고 인정을 받는다면, 만일 우리가 의로움다함을 얻었다면, 만일 우리가 하나님 앞에서 아무 흠도 없는 상태로 서 있다면, 그것은 우리가 예수 그리스도와 연합되어 있기 때문입니다.

"예수는 하나님으로부터 나와서 우리에게 지혜와 의로움과 거룩함과 구원함이 되셨으니"(고전 1:30).

만일 우리가 거룩하신 하나님 앞에서 용서받고 의롭다함을 얻은 상태로 있다면, 그것은 예수님께서 자신의 보배로운 피로 우리를 씻어 주시고 자신의 흠 없는 의로 우리를 옷 입혀 주셨기 때문입니다.

여러분 중에는 수개월 동안 자기 자신만 바라보고 있는 분들도 있을 것입니다. 그러나 사랑하는 여러분, 여러분은 참된 신자가 어떤 경험을 하게 되는지 알고 싶지 않으십니까?

저는 간절히 소원합니다. 주님께서 여러분에게 복을 주셔서 여러분이 이제는 죄로 가득 찬 자기 자신에게서 눈을 뗄 수 있기를 소원합니다. 또 여러분이 스스로 의롭다 여기는 자기 자신에게서 눈을 뗄 수 있기를 소원합니다. 그리고 오히려 자기 자신을 철저히 낮추며, 오직 예수 그리스도만을 바라보게 되기를 소원합니다.

예수 그리스도의 피로 씻겨지고 그분의 의로 옷 입게 될 때 비로소 여러분은 완전한 용서와 용납을 얻게 됩니다. 그리고 하나님께서도 자신의 사랑으로 만족하며 기쁨에 못 이겨 노래를 부르시며 여러분을 기뻐하십니다. 저는 여러분이 이 사실을 깨닫게 되기를 소원합니다. 이렇게 될 때, 여러분에게는 더 이상 정죄가 없을 것입니다.

그리스도와 신자의 연합이라는 이 위대한 교리는 우리의 견인도 함께 내포하고 있습니다. 하나님의 자녀가 이 악한 세상을 통과하고 믿음을 지킬 수 있는 것은 자기 자신의 힘으로 되는 것이 아닙니다. 만일 하나님께서 우리에게 스스로를 지키라고 하신다면, 오늘 하루가 끝나기도 전에 이미 우리는 절망하게 되고 우리의 평화는 산산조각 날 것입니다.

하나님의 자녀들이여, 하나님께서는 날마다 여러분에게 "말세에 나타내기로 예비하신 구원을 얻기 위하여 믿음으로 말미암아 하나님의 능력으로 보호하심을 받았느니라"(벧전 1:5)라고 하는 이 위대한 진리를 가르쳐 주십니다.

생각해 보십시오. 우리는 늘 하나님을 거스르고 회개하지 않으며 불신앙으로 살아갈 뿐입니다. 이러한 우리의 행위를 볼 때, 우리가 끝까지 믿음을 지킨다는 것은 절대로 불가능한 일입니다. 우리가 보존되는 것은 오직 그리스도 때문이며, 우리가 그리스도와 연합되어 있기 때문입니다.

그리스도를 믿게 된 순간부터 지금까지, 그리고 영원에 이르는 순간까지 우리는 하나님의 능력으로 보호하심을 받습니다. 그리고 이 보호하심은 우리가 그리스도와 연합되어 있기 때문에 우리의 것이 됩니다.

언젠가는 이 세상에서의 짧은 삶에 종지부를 찍고 영원한 세상으로 들어가게 되는 엄숙한 죽음의 시간이 우리를 찾아올 것입니다. 아, 죽음의 시간이 우리를 찾아올 때, 이 연합의 교리는 우리에게 얼마나 기쁜 진리가 되는지요! 연합의 교리 때문에 우리는 죽음 앞에서 당당하게 고백할 수 있을 것입니다.

"나는 예수 그리스도 안에 있다. 나는 죽어 가고 있지만 영원히 살아 계시는 구주 안에 있다. 그러므로 나는 죽음이 전혀 두렵지 않다. 영혼이 몸과 분리되는 이 죽음을 내가 무엇 때문에 두려워하랴? 또 내가 무엇 때문에 미지의 세계에 들어가는 것을 두려워하랴?"

그렇습니다. 그리스도 안에서 죽는다는 것은 육체의 약함을 통과하여 오히려 영원한 생명에 들어가는 것입니다.

혹시 여러분 중에 다가오는 죽음 때문에 오랫동안 두려워하면서 평생을 죽음의 노예로 살아오신 분이 있습니까? 여러분의 모든 두려움과 의심을 바람에 날려 보내십시오. 다시는 죽음 때문에 두려워하거나 떨지 마십시오. 여러분은 주님 안에서, 주님과 맺어진 영적인 연합 안에서, 죽음도 삶도 결코 떨어뜨려 놓을 수 없는 그 영원한 연합 안에서 죽는 것입니다. 그러하기에 여러분은 죽는 순간 주님과 함께 있게 될 것입니다.

죽음 후에는 모든 것이 완성될 것입니다. 이 땅에서는 우리가 그리스도 안에 있지만, 죽음 후에는 그리스도와 함께 있게 될 것입니다. 이 얼마나 놀라운 진리인지요! 죽어 가는 한 사람의 마지막 모습은 참으로 엄숙하고 신성한 것입니다. 그것을 많은 사람들에게 보여 주는 것이 옳은지는 잘 모르겠지만, 이 주제를 다룰 때마다 저는 최근에 휘틀리(Wheately) 주교가 병상에서 죽음을 맞이하면서 남긴 충격적이고도 인상적인 말을 언급하지 않을 수 없습니다.

그는 식물학을 공부한 사람인데, 그를 방문한 어떤 목사가 그의 침대 옆에 있는 아름다운 꽃을 가리키며 천국에도 꽃이 있을 것이라 믿느냐고 물었다고 합니다. 그때 죽음의 문턱에 서 있던 휘틀리 주교는 다음과 같이 대답했다고 합니다.

"글쎄요. 잘 모르겠습니다. 아마도 우리가 천국에 가게 되면, 이 세상에서 천국이 어떠하리라 짐작했던 것과 정반대인 것들을 수없이 보게 되지 않을까 싶습니다. 그러나 천국에 가까이 다가갈수록 제가 한 가지 확신하는 것이 있습니다. 제게 있어서 천국 중에서도 가장 아름다운 천국은 그리스도와 함께 있는 것입니다."

아, 얼마나 아름답고도 옳은 말인지요! 그리스도와 함께 있는 것, 그리스도의 발아래 엎드려 있는 것, 그리스도의 팔에 안겨 있는 것, 그리스도의 사랑 넘치는 가슴에 안겨서 쉬는 것! 이것이 바로 천국입니다.

혹시 여러분은 그리스도에 대한 여러분의 이해가 너무 부족해서 두려우십니까? 그리스도를 느끼는 여러분의 감각이 너무 둔해서 걱정이십니까? 그리스도와 함께 있을 것이라는 소망이 너무 크게 흔들리고 요동쳐서 두려우십니까? 그러할지라도 만일 여러분이 지금 정말로 그리스도 안에 있다면, 지금 그리스도를 붙잡고 있는 여러분의 가장 연약한 그 믿음을 통해서, 또 지금 그리스도를 바라보고 있는 여러분의 가장 흐릿한 그 시선을 통해서, 여러분은 틀림없이 그리스도와 영원히 함께 있게 될 것입니다. 그리스도께서 천군 천사를 보내어 여러분을 천국으로 부르시는 그날, 여러분은 틀림없이 그리스도와 함께 있게 될 것입니다.

2. 그리스도의 교회의 연합

모든 신자들이 그리스도와 연합되어 있다는 진리에 대해서는 이 정도로 해 두고, 이제부터 그리스도와의 연합의 결과로 맺어지는 또 다른 연합, 곧 모든 신자들 사이의 연합에 대해서 살펴보겠습니다.

그리스도의 교회 안에는 통일성(또는 연합)이 존재합니다. 그런데 이 통일성은 그 교회 안에 있는 어떤 것에서 비롯된 것이 아닙니다. 그것은 그 교회가 그리스도 안에 있다는 한가지 사실에서 비롯됩니다. 통일성은 하나님의 모든 행사와 활동에 스며들어 있는 특징입니다. 물론 하나님이 모든 일을 획일적으로 행하시는 것은 아닙니다. 그러나 하나님은 모든 일 속에서 통일성을 이루십니다.

하나님께서 창조하신 모든 것에는 놀라울 정도로 풍성한 다양함이 있습니다. 사랑하는 여러분, 하나님의 활동 속에서 이 다양성을 연구해 보십시오. 혹시 여러분 중에서 계시 종교인 기독교의 가장 근본적인 교리인 하나님의 존재에 대하여 의심하는 분이 있습니까?

다른 모든 것을 제쳐 놓고 이 한 가지 증거만을 깊이 생각해 보십시오. 곧 하나님의 모든 활동이 대단히 다양하다는 것을 깊이 생각해 보십시오. 헤아릴 수 없는 이 다양성은 하나님의 지성과 마음, 지혜와 능력이 무한히 풍요롭다는 것을 보여 주는 확실한 증거가 아니겠습니까? 그리고 이렇게 대단한 부와 무한한 다양성을 발휘할 수 있다면, 그분은 틀림없이 무한한 존재가 아니겠습니까?

그런데 더 놀라운 것은 그 다양성 속에 항상 통일성이 있다는 것입니다. 계획의 통일성, 목적의 통일성, 행동의 통일성이 있습니다. 이 모든 것은 하나님이 오직 한 분이시기에 가능합니다.

"이스라엘아 들으라. 주 곧 우리 하나님은 유일한 주시라"(막 12:29).

하나님의 모든 행사와 활동에 스며들어 있는 이 통일성은 하나님의 교회에 존재하는 본질적인 일치와 연합에도 놀랍게 잘 나타나 있습니다.

하나님에게는 오직 하나의 교회만이 있습니다. 하나님은 "내 사랑은 오직 하나라"라고 말씀하십니다. 많은 교파가 있지만, 교회는 하나입니다. 방은 많지만, 하나님의 집은 하나입니다. 벽돌은 많지만, 하나님의 성전은 하나입니다. 천막은 많지만, 하나님의 진영은 하나입니다. 양 떼는 많지만, 하나님의 양 무리는 하나입니다. 이와 같이 하나님의 교회에는 통일성과 다양성이 동시에 있습니다. 하나님의 가족은 본질적으로 하나이지만, 동시에 서로 다른 가족으로 구성되어 있습니다.

가장 먼저 여러분에게 말씀드리고 싶은 것은 하나님의 교회 가운데 존재하는 통일성은 모든 신자들이 머리이신 그리스도 안에 함께 연합되어 있기 때문에 존재할 수 있다는 것입니다. 모든 참 신자들은 그리스도를 교회의 유일한 머리로 받듭니다. 참 신자들 사이에도 하나님의 말씀을 해석하는 데 있어서 중요하지 않은 문제들과 관련하여 다양한 의견이 존재할 수 있습니다. 그러나 그들은 한 사람도 예외 없이 그리스도의 머리 되심을 인정하고 믿습니다.

골로새서 2장 18,19절에서 사도 바울은 교회의 머리이신 그리스도를 붙들지 않는 거짓된 신앙인들에 관하여 말하였습니다. 그러나 참된 신자들은 한 사람도 예외 없이 그리스도를 교회의 머리로 인정하고 받듭니다. 그들은 그리스도께서 교회에 생명과 능력과 영광을 불어넣어 주는 머리이심을 인정하고 믿습니다. 이것을 생각할 때 하나님의 교회의 본질적인 통일성은 매우 인상적이지 않습니까?

하나님의 교회의 통일성과 관련하여 한 가지 더 말씀드릴 것이 있습니다. 하나님의 교회의 본질적인 통일성은 동일한 성령께서 모든 신자들 가운데 내주하시기 때문에 존재할 수 있다는 것입니다. 모든 신자 안에는 동일한 성령께서 내주하십니다. 이런 점에서 모든 신자는 똑같이 성령의 전이며, 그렇기 때문에 그리스도 안에 있는 모든 신자는 본질적으로 하나일 수밖에 없습니다.

죄와 비참함을 깨닫게 함으로써 여러분을 예수 그리스도께로 인도하신 성령님은 하나님의 모든 백성들 가운데 동일하게 내주하십니다. 여러분의 마음에 지금도 은혜의 역사를 베풀어 주시는 성령님은 하나님의 모든 백성들 가운데 동일하게 내주하십니다. 여러분을 천국에 합당한 상태로 더 높이 성장하도록 이끌어 주시는 성령님은 하나님의 모든 백성들 가운데 동일하게 내주하십니다.

모든 회심한 신자들 가운데 동일한 성령께서 내주하신다는 이 사실을 보면서, 우리는 마땅히 서로 더욱더 친밀하게 교제하고 서로를 더욱더 뜨겁게 사랑할 수 있어야 합니다. 만일 누군가가 내 교파에 속하지 않는다고 해서 그와 거리를 두고 지내며, 그와 교제를 나누지 않고, 주님을 섬기는 일에서 그와 동역하지 않고, 그를 품어 주지 않는다면, 나는 그와 내 안에 동일하게 거하시는 성령 하나님을 슬프게 하고 상처 입히고 모독하는 사람입니다. 그리고 그런 나의 행동은 결국 내 자신의 영혼을 쇠약하게 하고, 내 마음 안에 역사하시는 성령 하나님을 크게 소멸시키게 될 것입니다.

이것을 여러분의 마음에 깊이 새기십시오. 이런 관점을 취하게 되면, 그리스도 안에 있는 우리의 형제와 우리를 갈라놓는 모든 질투와 시기, 냉랭함과 서먹서먹함이 성령의 능력으로 소멸될 것입니다.

또한 구원의 은혜는 우리로 하여금 하나님의 교회가 본질적으로 통일되어 있다는 것을 얼마나 영광스럽게 보여 주는지요! 하나님의 교회의 통일성을 바라보십시오. 하나님의 교회의 통일성은 어디에 기반을 두고 있습니까? 어디에 기초를 두고 있습니까? 모든 신자들은 어디에서 죄 사함과 의롭다함과 거룩하게 하는 은혜를 찾습니까? 모든 신자들은 어디에서 날마다 일어나는 죄책을 씻습니까? 모든 신자들은 어디에서 현재의 평안과 장래의 소망을 찾습니까?

이 모든 것들에 관하여 그들은 모두 그리스도께 전적으로 매달리지 않습니까? 그들은 모두 그리스도만 의지하지 않습니까? 그들은 모두 그리스도의 피로 자신들의 죄를 씻지 않습니까? 그들은 모두 그리스도의 의로 옷 입지 않습니까? 그들은 모두 그리스도를 자신의 거룩함으로 삼지 않습니까?

이것을 생각할 때 마땅히 우리는 우리를 다른 형제들에게서 멀어지게 만드는 모든 교회 정치 시스템을 물리치고, 그리스도인다운 일치와 교제 속에서 서로 연합해야 합니다. 또한 우리는 이렇게 고백해야 합니다.

"우리가 서로 입장을 달리하는 중요하지 않은 문제들은 우리가 서로 일치하는 중요한 문제들에 비하여 비중이 절대 크지 않다. 그러므로 중요하지 않은 문제들 때문에 우리가 갈라서서 서로 사랑하지 못하고 동정하지 못하며 동역하지 못한다는 것은 말도 안 된다. 우리는 서로 일치하고 있는 본질적이고도 중대한 문제들을 기반으로 이 시간부터 영원토록 서로 연합하고 교제할 것이다."

또한 하나님의 자녀들이 살아가는 환경 속에서도 하나님의 교회의 본질적인 통일성을 보여 주는 것들이 얼마나 많은지요! 하나님의 자녀들은 이 세상에서 동일한 시련과 고난과 유혹을 당하면서 살아갑니다. 하나님의 자녀들은 종종 울적하고 외롭고 힘든 길을 똑같이 걸어가게 됩니다.

아, 우리가 시련과 슬픔과 유혹 가운데 있을 때 우리를 다루시는 하나님의 섭리에는, 하나님의 자녀들을 한데 묶어서 교회의 머리이신 그리스도께 좀 더 친밀하게 연합시키려는 하나님의 배려가 얼마나 충만한지요!

3. 연합으로 인한 복

결론적으로 말씀드릴 것은 우리가 준행해야 할 여러 가지 엄숙한 의무들과 우리가 누릴 수 있는 여러 가지 귀한 복들이 이 위대하고도 귀중한 진리에서 비롯된다는 것입니다.

첫째로, 성경에 기록된 여러 가지 의무와 관련하여, 만일 우리가 그리스도 안에 있고 그리스도가 우리 연합의 중심이라면, 우리는 하나님의 교회의 통일성을 인정해야 합니다.

만일 어떤 형제가 그리스도 안에 있다면, 그가 어떤 교파에 속해 있든지 우리는 그를 형제로 반갑게 맞이해야 합니다. 우리는 그의 신앙을 존중하고, 그를 하나님의 가족으로 인정하며, 예수 그리스도에 대한 그의 믿음을 존중해야 합니다. 교회 안에서 그의 위치가 어떠하든지 우리는 그를 존중해 주어야 합니다. 그리스도 안에 있는 형제를 결코 낯선 외인처럼 여겨서는 안 됩니다. 오히려 하나님 나라의 동료 시민으로, 하나님의 가족으로 여겨야 합니다.

제가 볼 때, 바로 이것이 우리 주님께서 하늘에 계신 아버지를 향해 간구하신 기도의 목적입니다. 주님은 성부 하나님께 교회를 하나로 만들어 달라고 간구하지 않으셨습니다. 왜냐하면 교회는 본래부터 하나이기 때문입니다. 또 주님은 교회가 서로 좀 더 하나 되게 해 달라고 간구하지도 않으셨습니다. 왜냐하면 교회는 본질적으로 하나이기 때문입니다.

그렇다면 위대한 대제사장이신 예수 그리스도께서 교회를 위하여 간구하신 것은 무엇이었습니까? 예수 그리스도께서는 교회의 본질적인 통일성이, 즉 교회의 하나 됨이 이 세상에 더 분명히 드러나게 해 달라고 기도하셨습니다. 교회의 일치와 연합이 세상에 더 분명히 드러나게 해 달라고 기도하셨습니다. 그리하여 그것을 보는 세상 사람들이 그리스도께서 하나님이시며, 인류의 구속을 위하여 하나님으로부터 보냄을 받았다는 사실을 믿게 해 달라고 간구하신 것입니다.

사랑하는 여러분, 이 세상은 하나님의 교회를 예리하게 관찰하고 있습니다. 그러나 이 세상은 교회마다 정치 제도나 교리가 어떻게 다른지에는 전혀 관심이 없습니다. 이 세상이 유심히 지켜보는 것은 하나님의 교회가 얼마나 서로 일치하고 연합하느냐 하는 것입니다. 이 세상은 하나님의 교회가 서로 일치하고 사랑을 나누며 협력하기를 기대합니다.

그러므로 저는 여러분에게 간곡히 청합니다. 하나님의 모든 성도들이 서로 연합되어 있다는 것을 마음에 새기고, 용기 있게, 그리고 담대하게 그것을 표현하고 나타내 보이십시오.

덧붙여 저는 연합의 교리에서 파생되는 또 다른 의무에 대하여 여러분에게 간곡히 청합니다. 그리스도인의 연합을 방해하는 모든 장애물을 제거하고 연합을 장려하십시오.

그렇게 하다 보면 자기를 부인해야 할 때도 생길 것입니다. 그리고 힘든 십자가를 짊어져야 할 때도 있으며, 사람들의 신뢰와 애정과 우정을 잃어버리는 일도 있을 것입니다. 그러나 그리스도인의 연합이라는 이 영광스러운 일에 걸림돌이 되는 것을 하나라도 제거하는 것은 그 어떤 희생을 치르고서라도 마땅히 해야 할 가치 있는 일입니다. 하나님이 존귀하게 여기시는 모든 성도들 가운데 형제의 사랑과 그리스도인의 연합을 더욱 불러일으킬 수만 있다면, 동료 그리스도인들 몇몇의 우정을 잃어버리고 신뢰를 상실하는 일은 결코 손해를 보는 것이 아닙니다.

우리의 복되신 임마누엘의 교회에 있는 분열을 치료하고, 형제와 형제를, 목사와 목사를, 교회와 교회를 연합시키는 일은 얼마나 위대한 일인지요! 그 일을 통해서 우리의 놀랍고도 영광스러운 임마누엘 주님의 복되신 이름에 얼마나 큰 영광과 존귀와 찬송이 돌려질지를 생각해 보십시오.

영원 전부터 택함을 받고 그리스도의 피로 구속함을 받아 구원에 이른, 오직 하나뿐인 하나님의 교회의 일원들이 서로 더 친밀하게 연합할 수 있도록 힘쓰는 과정에서, 때로는 사람들의 오해를 받아 우정이나 애정이나 호의를 잃을 수도 있습니다. 그러나 우리가 죽음의 문턱에 서게 될 때, 예수 그리스도의 임재 앞에 서게 될 때, 그러한 우리 삶에 대해서 한순간이라도 후회하게 될 것이라고 생각하십니까? 그런 일은 결코 없을 것입니다.

잠시 곁길로 벗어나서 이 위대하고도 영광스러운 진리, 곧 교회의 본질적인 일치를 인식하고 표현하는 삶이 우리에게 주는 여러 가지 복을 살펴보겠습니다.

먼저 여러분에게 말씀드릴 것은 교회의 통일성을 인식하고 표현하는 삶이 여러분 자신의 행복도 증가시켜 준다는 사실입니다. 어떤 교회나 어떤 목사나 어떤 그리스도인이 여러분의 기준에 딱 맞아떨어지지 않을 수도 있습니다. 혹은 성찬을 받는 방법이나 예배 형식, 교회 제도가 여러분과 다를 수도 있습니다. 그런데 그렇다고 해서 여러분이 그 교회나 그 목사나 그 그리스도인과 갈라선다면, 여러분은 절대로 행복해질 수 없습니다. 다시 한 번 말씀드리지만, 여러분은 절대로 행복해질 수 없습니다.

반면에 우리의 하나 됨을 인식하는 것은 얼마나 거룩한 기쁨이 되는지요! 우리가 사랑의 줄로 다른 그리스도인과 더 가까이 연합될 때, 우리가 의도하지 않아도 우리의 행복은 저절로 더욱 커집니다. 다른 그리스도인이 우리를 확실하게 신뢰하고 우리를 사랑하며 우리를 위해서 기도해 줄 때, 우리의 행복은 더 커지게 되어 있습니다.

갈보리의 십자가는 교회 제도나 교파의 구별이 있을 수 없습니다. 교파적인 차이를 뛰어넘어서, 이러한 갈보리의 십자가 주변에 떠다니는 더 순결하고도 거룩하며 평화로운 공기를 마시는 것은 얼마나 큰 행복인지요!

교회의 일치와 연합을 인식하고 추구하는 삶은 여러분의 행복을 증가시켜 줄 뿐 아니라 여러분의 거룩도 증가시켜 줄 것입니다. 어떤 교회나 목사나 그리스도인이 여러분의 교파에 소속되어 있지 않다고 해서 그들을 멀리하는 것은 결코 영적으로 거룩하거나 건강한 상태가 아닙니다.

영적으로 거룩하고 건강한 상태는 오히려 그리스도를 사랑하는 모든 사람과 더불어 즐겁게 동행하는 것입니다. 또한 우리 모두가 똑같은 구원을 받고 똑같은 주를 섬기며 영광스럽고도 존귀한 머리이신 그리스도에게 똑같이 연합되어 있다는 사실을 인식하면서, 서로를 구별 짓는 모든 외적인 차이를 초월하는 것입니다.

여러분은 더 거룩하고 더 행복하고 더 유용한 그리스도인이 되고 싶습니까? 여러분은 여러분의 주인이신 예수 그리스도의 형상을 더 닮고 싶습니까?

그렇다면 예수님께서 그러하셨듯이, 당파나 교파나 예배 형식을 따지지 말고, 여러분과 동일하게 살아 계신 영광의 예수님을 자신의 머리로 섬기는 모든 사람들을 사랑과 동정과 친교의 팔로 끌어안으십시오. 이렇게 그리스도인의 연합을 인정하고 표현하는 것에서 우리가 유용한 그리스도인이 되는 또 다른 복이 파생되기 때문입니다.

사랑하는 여러분, 다른 그리스도인들과 분리되어 개별적으로 서 있을 때보다 오히려 다른 그리스도인들과 뜻과 마음과 목적을 합하여 함께 서 있을 때, 우리는 그리스도를 위하여 더 유용할 수 있습니다. 다른 그리스도인들과 연합할 때, 우리는 주님께서 쓰시기에 더 합당한 사람이 됩니다.

여러분은 그리스도의 교회 안에서 유용한 그리스도인이 되고 싶습니까? 여러분은 주님을 섬기는 일에 더 잘 쓰임받기를 원합니까? 그렇다면 주님의 모든 백성들과 동역하십시오. 그리스도의 나라를 선양하는 일에,

하나님의 거룩한 말씀을 널리 전파하는 일에, 전도용 소책자들을 반포하는 일에, 그리스도인의 선교 사역을 증진하는 일에 주님의 모든 백성들과 동역하십시오.

주님께서 맡겨 주신 귀한 사역을 감당하되 모든 교회 기관과 협력하십시오. 그들과 관계를 맺고 연합하여 사역하십시오. 그러면 여러분은 은혜로 여러분을 불러 주신 그리스도를 섬기는 일에 더 크게 쓰임받게 될 것입니다.

앞에서도 죽음의 순간에 대해서 언급한 적이 있습니다. 죽음의 순간에 우리는 영원한 세상을 내다보면서 이 땅에서 우리가 걸었던 길을 뒤돌아보게 될 것입니다. 아, 조금만 있으면 거룩하신 하나님의 임재 앞에 서게 될 바로 그 순간, '하늘에 기록된 장자들의 모임과 교회와 만민의 심판자이신 하나님과 및 온전하게 된 의인의 영들'(히 12:23)과의 교제를 시작하게 될 바로 그 순간, 이 땅에서 우리를 하나님의 귀한 성도들로부터 떨어뜨려 놓은 모든 사소한 분리들이 우리 눈에도 얼마나 추잡하고 불쌍하며 하찮게 보일지요!

하나님께서는 그리스도인의 연합과 일치를 위하여 가장 일찍, 그리고 가장 헌신적으로 일하는 그리스도인들을 얼마나 사랑하시는지 모릅니다. 그래서 그들 가운데 일부는 하늘에 있는 교회로 일찍 데려가시기도 하였습니다.

여러분의 생각은 어떻습니까? 일찍 천국에 가 있는 그들이 교회의 일치와 연합을 위해서 애썼던 자신들의 삶을 후회하고 있을 것 같습니까? 자신들이 교파의 차이를 무시하고 다른 교파에 속한 참 그리스도인들과 교류하며, 하나님이 사랑하시는 성도들과 같은 마음을 품고 협력하며 일치한 것에 관하여 지금쯤 후회하고 있을 것 같습니까? 절대로 그렇지 않습니다.

이 땅과 하늘에 있는 교회는 한 교회입니다. 지금 천국에 들어가 있는 우리 형제들은 자신들이 이 땅에서 그리스도의 교회의 일치와 사랑을 증진시키기 위하여 행했던 여러 가지 일들을 기억하면서 헤아릴 수 없이 더 큰 영광과 행복을 누릴 것입니다.

아, 그러므로 이 땅에 있는 교회가 그 모든 결함과 불완전함을 벗고 하늘에 있는 영광스러운 교회로 변할 그 엄숙한 시간을 더 생생하게 느끼면서 살아갑시다. 천국에 가면 우리는 영원히, 그리고 완전하게 하나가 될 것이니 말입니다.

"살아 계신 하나님의 군대는 오직 하나
그 명령에 일사불란하게 순종하니
일부는 요단강을 건넜고
나머지는 건너는 중일세.

주님의 사랑 안에서 승리한 교회가 누리는
강렬한 기쁨 우리가 아나니.
그들은 하늘에서 어린양을 노래하고
우리는 땅에서 즐거이 화답하네."

| 부록 | 존 플라벨 John Flavel

성도가 누리는 그리스도와의 연합

> 곧 내가 그들 안에 있고 아버지께서 내 안에 계시어
> 그들로 온전함을 이루어 하나가 되게 하려 함은
> _요 17:23

성령께서는 그리스도의 은혜들을 죄인들에게 전달해 주기 위하여 죄인들에게 그리스도를 적용시켜 주십니다. 그런데 그리스도의 은혜들을 전달해 주기 위해서는 반드시 그리스도와 교통하고 있어야 합니다. 그리고 모든 교통함은 반드시 그리스도의 인격과 연합하는 것을 전제하고 있습니다. 다시 말해서, 그리스도와 연합되어야 그리스도와 교통할 수 있고, 그리스도와 교통할 수 있어야 그리스도의 은혜들을 누릴 수 있다는 것입니다.

그러므로 오늘은 그리스도와 성도들의 연합에 대해서 말씀드리려고 합니다. 왜냐하면 이 연합은 그리스도를 적용시키는 성령의 사역 중에서도 가장 중요한 것이기 때문입니다.

1. 연합

오늘 본문 말씀에서 우리는 삼중적인 연합을 보게 됩니다. 첫 번째 연합은 성부 하나님과 성자 예수 그리스도의 연합이요, 두 번째 연합은 그리스도와 성도들의 연합이요, 세 번째 연합은 성도들 상호간의 연합입니다.

"아버지께서 내 안에 계시어."

이 연합은 말로 형용할 수 없는 영광스러운 연합으로서, 나머지 두 가지 연합의 기초가 됩니다. 마치 소중한 친구를 자신의 분신이라고 부르듯이, 성부 하나님은 그렇게 그리스도 안에 계십니다. 또한 성부 하나님은 본성과 속성이 서로 일치하고 동일하다는 점에서 '그 본체의 형상'(히 1:3)이신 그리스도 안에 본질적으로 계십니다.

그러나 이것이 전부는 아닙니다. 성부 하나님은 중보자가 되시는 그리스도 안에도 계십니다. 성부 하나님은 참 하나님이면서 동시에 참 사람이신 그리스도 안에 거하는 신성의 모든 충만함을 탁월하고도 독특한 방식으로 그리스도에게 전달해 주심으로써 그리스도 안에 계십니다. 인류의 역사를 통틀어 신성의 모든 충만함이 다른 이 안에 그렇게 거한 적이 결코 없었으며, 또 그렇게 될 수도 없습니다(골 2:9 참고).

"내가 그들 안에 있고."

이 연합은 그리스도와 성도들의 연합입니다. 주님은 다음과 같은 뜻으로 이렇게 말씀하신 것처럼 보입니다.

"아버지와 나는 본질적으로 하나이다. 그리고 그들과 나는 신비적으로 하나이다. 아버지와 내가 하나인 것은 아버지께서 중보자로서 서 있는 나에게 신성과 성령의 충만함을 전달해 주시기 때문이다. 한편 내가 그들과 하나인 것은 내가 그들에게 성령을 어느 정도 전달해 주기 때문이다."

바로 여기에서 세 번째 연합, 즉 성도들 상호간의 연합이 기인합니다.

"그들로 온전함을 이루어 하나가 되게 하려 함은."

주님은 다음과 같은 뜻으로 이렇게 말씀하신 것처럼 보입니다.

"동일한 성령께서 그들 모두에게 임하여 계시고, 그 성령께서 그들 모두를 나에게 똑같이 연합시킨다. 마치 살아 있는 몸의 각 지체가 머리에 연합되어 있는 것처럼 말이다. 그러므로 한 몸의 지체들이 서로 연락되어 있는 것처럼, 그들 사이에는 친밀하고도 소중한 연합이 존재한다."

오늘 다루고자 하는 주제는 이 세 가지 연합 중에서 두 번째 연합, 곧 그리스도와 성도들의 연합입니다. 이 두 번째 연합으로부터 우리는 다음과 같은 교리를 이끌어 낼 수 있습니다.

"그리스도와 참된 성도들 간에는 순전하고도 소중한 연합이 존재한다."

성경은 그리스도와 참된 성도들 사이에 존재하는 이 연합의 특징을 우리에게 잘 이해시키기 위해서 자연이라는 책으로부터 네 가지의 우아하고도 생생한 비유를 빌리고 있습니다. 그러나 그 네 가지 비유 중 어떤 것도 이 연합의 신비를 온전하고도 완벽하게 설명하지는 못합니다. 또한 그 네 가지 비유의 힘을 전부 더해도 이 연합의 신비를 온전하고도 완벽하게 설명하지 못합니다.

첫 번째 비유는 아교에 의한 접착이라는 개념입니다.

"주와 합하는 자는 한 영이니라"(고전 6:17).

여기에서 '합하다'라는 동사로 쓰인 헬라어 '코라오'는 '아교 등으로 단단하게 붙이다'라는 뜻을 지니고 있습니다. 서로 다른 물체를 아교로 붙이면 그것들은 딱 달라붙어 떨어지지 않습니다. 그러나 이것은 그리스도와 우리의 연합에 대한 희미하고도 불완전한 그림자에 불과합니다. 왜냐하면 아교에 의한 연합은 밀접함을 가지고 있긴 하지만, 그리스도와 우리의 연합이 가지고 있는 생명력을 가지고 있지 않기 때문입니다.

두 번째 비유는 접붙임의 비유입니다. 로마서 6장 5절은 성도들이 그리스도에게 연합되어 있다고 말하는데, 이때 '연합'의 의미로 사용된 '쉼휘토스'라는 헬라어는 '대목에 접수를 접붙이는 것'을 뜻합니다. 그러나 이것도 그리스도와 성도들 사이에 맺어진 연합을 표현하기에는 부족합니다.

접수와 대목의 연합은 생명력 있는 연합이긴 하지만, 이 비유 역시 불완전하기는 마찬가지입니다. 왜냐하면 접수와 대목의 연합에서는 접붙여지는 접수가 대목보다 더 탁월하기 때문입니다. 이런 경우 더 훌륭하고 탁월한 접수의 종류에 따라 대목의 이름이 새로 정해집니다. 그러나 성도들이 접붙임을 받는 대목인 그리스도는 성도들보다 무한히 탁월하신 분입니다. 그래서 성도들이 그리스도의 이름으로 불리는 것입니다.

성경이 사용하는 또 다른 비유는 혼인에 의한 연합입니다.

"그러므로 사람이 부모를 떠나 그의 아내와 합하여 그 둘이 한 육체가 될지니 이 비밀이 크도다. 나는 그리스도와 교회에 대하여 말하노라"(엡 5:31,32).

그러나 이 비유도 그리스도와 성도의 연합을 설명하기에는 부족합니다. 혼인에 의한 연합이 매우 친밀하고 긴밀하여 부모를 떠나 그의 아내와 합하여 그 둘이 한 육체가 되지만, 절대 영원히 지속되지는 못하기 때문입니다. 이 연합은 어느 한 편의 죽음으로 깨어질 수 있고, 또 반드시 깨어지게 되어 있습니다. 그렇게 되면 살아남은 배우자는 그토록 친밀했던 그 배우자와 아무런 교통이나 교제도 없이 홀로 살아가게 됩니다.

반면에 그리스도와 성도의 연합은 죽음으로도 깨어지지 않습니다. 그 연합은 영원무궁토록 지속되는 것입니다.

네 번째 비유는 살아 있는 한 사람의 영혼에 의해 연합되어 한 몸을 이루고 있는 머리와 몸의 연합입니다.

"오직 사랑 안에서 참된 것을 하여 범사에 그에게까지 자랄지라. 그는 머리니 곧 그리스도라. 그에게서 온몸이 각 마디를 통하여 도움을 받음으로 연결되고 결합되어 각 지체의 분량대로 역사하여 그 몸을 자라게 하며 사랑 안에서 스스로 세우느니라"(엡 4:15,16).

그러나 이 비유도 그리스도와 성도의 연합을 설명하기에는 역시 부족합니다. 비록 한 영혼이 모든 지체를 움직이는 것은 사실이지만, 그렇다고 해서 모든 지체를 머리에 똑같이 접합시키는 것은 아니기 때문입니다.

반면에 그리스도와 성도의 연합에서는 모든 지체가 똑같이 긴밀하게 그리스도와 연합되어 있습니다. 연약한 사람들도 강한 사람들과 마찬가지로 그리스도에게 긴밀히 연합되어 있습니다.

2. 연합의 증거

그렇다면 이제 그리스도와 성도들 사이에 이루어지는 이런 연합의 실체와 특징을 숙고해 봅시다. 그리스도와 성도들 사이에 이런 연합이 존재한다는 사실은 다음과 같은 것들을 통해 분명하게 나타납니다.

1) 그리스도와 성도들 사이에 이루어지는 교통
이 점에 관하여 사도 요한은 분명하게 말합니다.

"우리의 사귐은 아버지와 그의 아들 예수 그리스도와 더불어 누림이라"(요일 1:3).

여기에서 '사귐'은 서로 한 가지 동일한 즐거움을 추구하는 두 사람이 그 즐거움에 대한 공통적인 관심 때문에 누리는 사귐 또는 친교를 의미합니다. 이런 사귐 때문에 성도들은 '그리스도와 함께 참여한 자'(히 3:14)라고 불립니다. 또 이런 사귐 때문에 성도들은 '그리스도의 동료요 친구요 제자들'이라고 불립니다(시 45:7 참고).

그런데 우리가 그렇게 불리는 것은 그리스도께서 우리와 동일하게 육신을 취하셨고 우리에게 불멸하는 생명을 주셨기 때문만은 아닙니다. 우리가 그리스도의 동료요 친구요 제자들로 불리는 것은, 우리 성도들이 그리스도를 통하여 그리스도와 함께 참여하게 되는 성령의 기름 부으심, 곧 성령의 모든 은혜와 특별히 연관되어 있습니다.

여러분, 잘 보십시오. 성도들이 그리스도와 더불어 누리는 이 교통은 전적으로 그들이 그리스도와 맺고 있는 연합에 달려 있습니다. 이것은 필연적입니다. 나뭇가지를 생각해 보십시오. 나뭇가지가 수액을 얼마나 많이 빨아들이느냐 하는 것은 그 가지가 뿌리와 얼마나 긴밀하게 연합되어 있고 연결되어 있느냐에 달려 있습니다. 그리스도와 성도의 교통도 그러합니다. 그러므로 그리스도와 성도들 사이에 연합이 형성되어 있지 않다면, 그들은 그 어떤 교통이나 교제도 누릴 수 없습니다.

고린도전서 3장 22,23절 말씀은 이것을 분명하게 보여 줍니다.

"바울이나 아볼로나 게바나 세계나 생명이나 사망이나 지금 것이나 장래 것이나 다 너희의 것이요. 너희는 그리스도의 것이요 그리스도는 하나님의 것이니라."

즉, 우리가 그리스도의 모든 은혜에 참여할 수 있는 근거가 바로 우리가 그리스도의 인격과 더불어 맺고 있는 연합이라는 것입니다.

2) 그리스도의 의의 전가

성도들은 그리스도의 의가 성도에게 전가됨으로써 하나님 앞에서 의롭다함을 얻습니다. 이와 같이 성도가 자기 외부에서 온 의로 말미암아 하나님 앞에서 의롭다함을 얻는다는 것은, 로마서 3장 24절 말씀을 볼 때 부인할 수 없는 사실입니다.

"그리스도 예수 안에 있는 속량으로 말미암아 하나님의 은혜로 값없이 의롭다하심을 얻은 자 되었느니라."

또한 로마서 4장 23,24절 말씀은 그리스도의 의가 우리의 것이 된다는 사실을 분명하게 보여 줍니다.

"그에게 의로 여겨졌다 기록된 것은 아브라함만 위한 것이 아니요, 의로 여기심을 받을 우리도 위함이니, 곧 예수 우리 주를 죽은 자 가운데서 살리신 이를 믿는 자니라."

그런데 만일 우리가 그리스도와 연합되어 있지 않거나 그리스도와 하나가 되지 않았다면, 그리스도의 의는 결코 우리에게 전가될 수가 없습니다. 고린도전서 1장 30절 말씀은 이 점을 명확하게 선언합니다.

"너희는 하나님으로부터 나서 그리스도 예수 안에 있고, 예수는 하나님으로부터 나와서 우리에게 지혜와 의로움과 거룩함과 구원함이 되셨으니."

그렇습니다. 그리스도께서는 오직 자신에게 속한 사람들에게만 자신의 공로를 나누어 주십니다.

여기에서 우리는, 그리스도의 의로 말미암아 의롭다함을 얻는다는 사실을 부인하며 도리어 우리 안에 내재하는 의로 말미암아 의롭다함을 얻는다고 주장하는 교황주의자들의 근거 없는 모든 트집이 완전히 잘못되었음을 분명히 알 수 있습니다. 그들은 다음과 같이 생트집을 잡습니다.

"어떻게 다른 사람의 의로 말미암아 의롭다함을 얻을 수 있다는 말인가? 다른 사람의 돈으로 내가 부자가 될 수 있는가? 다른 사람의 명예로 내가 존귀한 대우를 받을 수 있는가? 이것이 불가능한 것처럼, 다른 사람의 의로 말미암아 의롭다함을 얻는 것도 불가능하지 않은가?"

이런 트집에 대한 우리의 대답은 다음과 같습니다.

"그렇다. 우리는 다른 사람의 의로 말미암아 의롭다함을 얻을 수 있다. 만일 그가 우리의 보증인이거나 남편이라면 얼마든지 그럴 수 있다."

물론 베드로는 바울의 의로 말미암아 의롭다함을 얻을 수 없습니다. 그러나 두 사람 모두 그들에게 전가된 그리스도의 의로 말미암아 의롭다함을 얻을 수는 있습니다. 왜냐하면 두 사람은 똑같은 머리에 긴밀하게 연합되어 있는 지체이기 때문입니다.

법적인 책임과 법률 해석에 있어서 당사자와 보증인은 한 사람입니다. 마찬가지로 머리와 몸도 한 몸입니다. 가지와 뿌리도 한 나무입니다. 다른 나무에 접붙여진 접수가 본래 자기와는 전혀 다른 그 나무로부터 올라오는 수액을 흡수하여 먹고사는 것은 전혀 이상한 일이 아닙니다. 왜냐하면 접수는 대목에 이미 접붙여져 있기 때문입니다.

3) 그리스도와 성도들 사이의 교감

그리스도와 성도들은 함께 웃고 우는데, 이것이 그들 사이에 형성되어 있는 연합의 증거가 됩니다.

사도 바울은 자신이 '그리스도의 남은 고난을 그의 몸 된 교회를 위하여 자신의 육체에 채운다'고 말합니다(골 1:24 참고). 이때 바울의 말을 오해하지 마십시오. 지금 바울은 그리스도께서 당하신 고난이 불완전하기 때문에 '그리스도의 남은 고난'이라고 표현하는 것이 아닙니다. 그리스도께서 당하신 고난은 완전한 고난이었습니다.

"그가 거룩하게 된 자들을 한 번의 제사로 영원히 온전하게 하셨느니라"(히 10:14).

그렇다면 바울이 그리스도의 남은 고난이라고 말한 것은 무슨 의미입니까? 이 질문에 대한 답은, 위의 두 구절이 그리스도께서 두 가지 법적 자격을 가지고 있음을 전제로 한다는 것을 생각하면 얻을 수 있습니다.

그리스도께서는 십자가에서 단번에 모든 고난을 다 받으셨습니다. 이때 그리스도의 법적 자격은 우리의 중보자입니다. 그리스도께서 중보자로서 받으신 고난은 완전하고도 완벽했습니다. 그러므로 이제 그리스도께서는 더 이상 중보자의 자격으로 고난을 받지 않으십니다.

그러나 다른 한편으로 그리스도께서는 자신의 교회와 지체들과 함께 지금도 고난을 받고 계십니다. 그리스도께서는 자기를 위하여 고난받는 모든 성도들의 고난 속에서 지금도 고난받고 계십니다. 이때 그리스도의 법적 자격은 우리의 머리이십니다. 이제 그리스도는 우리의 머리로서 우리가 고난을 당할 때 함께 고난당하시는 것입니다.

물론 그리스도께서 자신의 신비적 몸인 교회의 머리로서 그 몸의 지체인 우리와 함께 받으시는 고난은, 그 가치와 중요성이라는 면에서 볼 때 이전에 십자가에서 단번에 받으셨던 고난과는 다릅니다. 또 이 고난은 십자가에서 단번에 받으셨던 고난처럼 자신의 공로를 통하여 하나님의 공의를 만족시키려는 목적으로 받으시는 고난도 아닙니다.

그렇지만 몸의 지체가 아플 때 머리도 함께 고통을 당한다는 점에서, 그리스도께서 자신의 몸인 교회 안에서 받으시는 모든 고난도 정당하게 그리스도의 고난으로 간주됩니다. 그렇지 않다면 사도행전 9장 4절 말씀을 어떻게 해석할 수 있겠습니까? 교회의 머리이신 그리스도께서는 자신의 발에 비유할 수 있는 이 땅의 교회들을 박해하던 사울을 향해 하늘에서 다음과 같이 다그치셨습니다.

"사울아 사울아, 네가 어찌하여 나를 박해하느냐?"

생각해 보십시오. 만일 그리스도와 우리 사이에 신비적 연합이 형성되어 있지 않다면, 어떻게 그리스도께서 우리의 고통을 느끼실 수 있겠으며, 어떻게 우리가 그리스도의 고난을 느낄 수 있겠습니까?

4) 성도의 부활

마지막 날에 성도들이 부활하는 방법도 그리스도와 성도들 사이에 형성되어 있는 신비적 연합을 입증해 주는 증거입니다. 왜냐하면 성도가 아닌 자들은 자기들과 아무런 관계가 없는 하나님의 능력만으로 부활하게 될 것이지만, 성도들은 자기들의 머리이신 그리스도의 부활을 힘입어 부활하게 될 것이기 때문입니다.

성도들의 머리이신 그리스도께서는 그들의 영혼은 물론 그리스도에게 연합된 그들의 죽은 육체에도 강력한 생기를 불어넣어 주실 것입니다.

"예수를 죽은 자 가운데서 살리신 이의 영이 너희 안에 거하시면 그리스도 예수를 죽은 자 가운데서 살리신 이가 너희 안에 거하시는 그의 영으로 말미암아 너희 죽을 몸도 살리시리라"(롬 8:11).

그런데 만일 지금 그리스도의 성령께서 성도들을 그리스도께 긴밀히 연합시켜 지체와 몸으로서 서로 연합하도록 역사하시지 않는다면 어떻게 이 말씀이 이루어지겠습니까? 만일 그리스도와 성도 사이에 성령으로 말미암는 연합이 없다면, 최후 부활의 날이 이르러도 성도들은 그들 안에 거하시는 그리스도의 영으로 말미암아 다시 살리심을 받지 못할 것입니다.

3. 연합의 특성

그리스도와 성도들 사이에 형성되어 있는 이런 연합은 지극히 숭고한 신비입니다. 그러나 그런 신비를 이해하기에는 우리의 이해력이 너무나 연약합니다. 그래서 저는 우리의 연약한 이해력에 눈높이를 맞추어 이 연합의 특성을 최대한 상세하게 설명하고자 합니다. 구체적인 특징을 자세히 열거하기 전에 전반적인 특징을 먼저 살펴보겠습니다.

그리스도와 성도들 사이에 형성되어 있는 이 연합은, 그리스도의 영이 성도들에게 부여됨으로써 성도들이 그리스도에게 친밀하게 결합되는 연합입니다. 그리고 이런 연합의 결과로 성도들은 그리스도를 믿을 수 있게 되며 그리스도 안에 거할 수 있게 됩니다. 신적이고도 신령한 생명은 모두 본래부터 성부 하나님 안에 있으며, 성자 예수 그리스도를 통하지 않고서는 우리에게 전달될 수가 없습니다.

"아버지께서 자기 속에 생명이 있음같이 아들에게도 생명을 주어 그 속에 있게 하셨고"(요 5:26).

성부 하나님께서는 자기 자신 안에 있던 '생명', 곧 소생케 하며 생명을 주는 능력을 성자 예수 그리스도에게 주셨습니다. 그리고 성자 예수 그리스도께서는 성령을 통하지 않고서는 어느 누구에게도 절대 이 생명을 나누어 주시지 않습니다.

"이는 그리스도 예수 안에 있는 생명의 성령의 법이 죄와 사망의 법에서 너를 해방하였음이라"(롬 8:2).

그러므로 우리가 그리스도 안에서 살기 위해서는 먼저 성령께서 우리 안에서 역사하셔야 합니다. 성령께서 우리 안에 역사하실 때 비로소 우리는 믿음이라는 지극히 중대한 행동을 할 수 있게 되고, 믿음으로 그리스도를 영접할 수 있게 됩니다.

이 모든 것은 그리스도께서 친히 우리에게 가르쳐 주신 내용입니다.

"살아 계신 아버지께서 나를 보내시매 내가 아버지로 말미암아 사는 것같이 나를 먹는 그 사람도 나로 말미암아 살리라"(요 6:57).

그러므로 이 두 가지, 곧 그리스도 편에서의 성령과 우리 편에서의 믿음이 우리를 그리스도에게 연합시키는 두 가지 끈이라는 사실을 먼저 마음에 새겨 두시기 바랍니다.

그렇다면 이제 그리스도와 성도들 사이에 형성되어 있는 신비적 연합의 특성을 더 잘 이해하기 위하여 좀 더 세부적인 내용을 살펴보겠습니다.

먼저 저는 이 신비적 연합의 특성이 아닌 것에 대하여 말씀드리려고 합니다. 제가 이것을 먼저 말씀드리는 이유는 이 신비적 연합과 관련하여 우리에게 있을 수 있는 오해를 미리 막기 위함입니다.

첫째, 성도들이 그리스도와 맺고 있는 이 연합은 단순히 관념적이거나 개념적인 연합이 아닙니다. 이 연합은 실제로 존재하는 연합입니다. 무신론적인 이 세상은 이 신비적 연합을 단순한 공상과 허황된 상상의 산물로 치부하면서 조롱합니다. 그러나 성도들은 이 신비적 연합의 실재를 믿습니다. 예수님께서도 이 연합이 우리가 알 수 있고 경험할 수 있는 실재라고 말씀하셨습니다.

"그날에는 내가 아버지 안에, 너희가 내 안에, 내가 너희 안에 있는 것을 너희가 알리라"(요 14:20).

둘째, 성도들이 그리스도와 맺고 있는 연합은 신체의 각 지체들과 머리 사이에 형성되어 있는 육체적 연합이 아닙니다. 물론 우리 사람의 인성은 그리스도의 인격 안에 연합되어 있습니다. 그러나 그리스도와 연합하여 한 인격을 구성하는 영예를 누리는 육체는 오직 그리스도 자신의 복되고도 거룩한 육체뿐입니다.

셋째, 성도들이 그리스도와 맺고 있는 연합은 본질적인 연합이 아닙니다. 즉, 성도들은 그리스도의 신성과 연합되어 있는 것도 아니며, 그리스도의 신적 존재 안에 성도들의 존재가 완전히 흡수 통합 되어 있는 것도 아닙니다.

물론 이 세상에는 성도들의 존재가 신적 존재 안에 완전히 흡수 통합 되어 성도들이 신적 존재가 되고 그리스도로 변화한다고 제멋대로 주장하는 사람들도 있습니다. 그러나 그런 주장은 모두 거짓입니다. 그리스도와 우리 사이에 신비적 연합이 존재하는 것은 사실이지만, 거기에는 본성과 탁월함에 있어서 도저히 뛰어넘을 수 없는 무한한 간격이 있습니다.

넷째, 성도들이 그리스도와 맺고 있는 연합은 언약적인 연합이 아닙니다. 그리스도와 성도들은 단순히 언약만으로 연합되어 있는 것이 아닙니다. 물론 그리스도와 성도들 사이에는 언약적인 연합도 존재합니다. 그러나 제가 지금 말씀드리고 있는 이 신비적 연합은 언약적인 연합의 필연적 결과로 발생하며, 언약적인 연합에 의존하고 있는 신비적인 연합입니다.

마지막으로, 성도들이 그리스도와 맺고 있는 연합은 사랑과 애정으로 형성되어 있는 윤리적 연합도 아닙니다. 가령, 우리는 절친한 친구를 일컬어 '내 분신'이라고 부르거나 연인을 일컬어 '내 반쪽'이라고 부릅니다. 그러나 그리스도와 성도의 연합은 이런 윤리적 연합이 아닙니다.

물론 그리스도와 성도들 사이에는 사랑과 애정으로 형성되어 있는 윤리적 연합도 존재합니다. 그러나 윤리적 연합은 신비적 연합과는 전혀 다릅니다. 사랑과 애정으로 형성되어 있는 연합을 윤리적 연합이라 부르고, 지금 우리가 말하는 연합은 신비적 연합이라고 부릅니다. 전자는 우리의 애정을 그리스도에게 연합시킬 뿐이지만, 후자는 우리의 인격을 그리스도에게 연합시킵니다.

그렇다면 구체적으로 그리스도와 성도의 이 신비적 연합은 어떤 특징을 가지고 있습니까? 그 특징은 아홉 가지로 말씀드릴 수 있습니다.

1) 그리스도의 인격과의 가장 친밀한 결합

그리스도와 성도의 이 신비적 연합은 우리를 그리스도와 동일한 본질로 만들거나 동일한 인격으로 만들지는 않습니다. 이 연합은 다만 우리의 인격을 그리스도의 인격에 가장 친밀하게 결합시킵니다.

교회는 그리스도의 몸입니다(골 1:24 참고). 신체적인 몸이 아니라 신비적인 몸으로서의 그리스도의 몸입니다. 즉, 신비에 감싸여 있는 그리스도의 몸이라는 것입니다. 왜냐하면 그리스도에게 있어서 교회는 자신의 몸과 같기 때문입니다.

성도들이 그리스도와 맺고 있는 관계는 몸의 각 지체들이 머리와 맺고 있는 관계와 같습니다. 또한 그리스도께서 성도들과 맺고 있는 관계는 몸의 머리가 각 지체들과 맺고 있는 관계와 같습니다. 결과적으로 몸의 머리와 각 지체들이 서로 연결되어 있는 것처럼, 그리스도와 성도들도 서로에게 연결되어 있는 것입니다.

그리스도와 성도들은 하나입니다. 그러나 이 신비적 연합은 어떤 나무와 그것을 휘감고 있는 담쟁이덩굴이 하나인 것과는 크게 다릅니다. 오히려 그리스도와 성도들의 연합은 접수와 대목의 하나 됨과 같습니다. 즉, 그리스도와 성도들의 연합은 착생(着生:생물이 다른 물체에 붙어서 삶. 또는 그런 상태)에 의한 하나 됨이 아니요, 결합(結合)에 의한 하나 됨입니다.

남편과 아내가 서로 아무리 친밀하게 연합되어 있다고 해도, 영혼과 몸이 아무리 친밀하게 연합되어 있다고 해도, 그리스도와 성도들이 서로에게 친밀히 연합되어 있는 것에 비하면 아무것도 아닙니다.

2) 하나님의 능력으로 이루어지는 연합

그리스도와 성도들의 신비적 연합은 완전히 초자연적인 연합, 곧 하나님의 능력에 의해서만 이루어지는 연합입니다. 그래서 성경에는 다음과 같이 기록되어 있습니다.

"너희는 하나님으로부터 나서 그리스도 예수 안에 있고"(고전 1:30).

가지가 스스로 자기 자신을 다른 나무에 접붙일 수 없는 것처럼, 우리도 스스로 자신을 그리스도에게 연합시킬 수 없습니다. 이 일은 하나님으로부터 일어나는, 하나님의 고유 권한이요 단독 사역입니다.

앞에서도 말씀드렸지만, 그리스도와 성도의 영혼을 연합시켜 주는 끈은 오직 두 가지뿐입니다. 그리스도 편에서는 성령이고, 우리 편에서는 믿음입니다. 그러나 우리 편에서 믿음이 그리스도와 우리를 연합시켜 주는 끈이라고 하는 말을 오해하지 마십시오. 이 말은 믿음이 우리 안에서 자생적으로 일어난 우리 자신의 행동이라는 뜻이 결코 아닙니다. 혹은 믿음이 우리 자신의 의지의 능력만으로 일어날 수 있다는 뜻도 결코 아닙니다. 믿음은 결코 그런 것이 아닙니다.

사도는 믿음이 결코 그런 것이 아님을 명백하게 밝힙니다.
"이것은 너희에게서 난 것이 아니요 하나님의 선물이라"(엡 2:8).

물론 믿음을 행동으로 옮기는 것은 우리입니다. 즉, 믿음의 행동은 우리의 행동입니다. 그러나 우리로 하여금 믿을 수 있도록 만들어 주는 능력은 하나님의 능력입니다.

"그의 힘의 위력으로 역사하심을 따라 믿는 우리에게 베푸신 능력의 지극히 크심이 어떠한 것을 너희로 알게 하시기를 구하노라. 그의 능력이 그리스도 안에서 역사하사 죽은 자들 가운데서 다시 살리시고 하늘에서 자기의 오른편에 앉히사"(엡 1:19, 20).

3) 직접적인 연합

그리스도와 성도들 사이에 맺어진 신비적 연합이 직접적인 연합인 것은 여러 가지 수단과 도구들이 배제되었기 때문이 아닙니다. 사실 이 신비적 연합을 이루는 데도 많은 수단과 도구들이 사용됩니다.

그렇다면 왜 이 신비적 연합을 직접적 연합이라고 하는 것입니까? 그 이유는 그리스도의 신비적 몸을 구성하는 각각의 지체들 사이에 존재하는 연합의 친밀함에는 차등이 없기 때문입니다.

우리 몸은 어떻습니까? 우리 몸에는 상대적으로 머리에 더 가까운 지체가 있는가 하면 상대적으로 머리와 덜 가까운 지체도 있습니다. 그러나 그리스도의 신비적 몸을 구성하고 있는 모든 지체들은 가장 큰 자뿐만 아니라 가장 작은 자도 모두 동일하게 그리스도와 친밀하게 연합되어 있습니다. 그래서 사도 바울은 여러 가지 문제가 많았던 고린도교회를 향해 다음과 같이 말할 수 있었습니다.

"고린도에 있는 하나님의 교회 곧 그리스도 예수 안에서 거룩하여지고 성도라 부르심을 받은 자들과 또 각처에서 우리의 주 곧 그들과 우리의 주 되신 예수 그리스도의 이름을 부르는 모든 자들에게"(고전 1:2).

4) 근본적인 연합

성도들이 그리스도와 더불어 맺고 있는 신비적인 연합은 우리의 영적 생명을 유지하는 데 반드시 필요한 근본적이고도 필수적인 연합입니다. 사실 우리가 맺는 순종의 모든 열매도 이 연합에 근거를 두고 있습니다. 만일 이 연합이 없다면, 우리는 아무런 열매도 맺지 못할 것입니다. 예수님께서도 이것을 강조하셨습니다.

"내 안에 거하라, 나도 너희 안에 거하리라. 가지가 포도나무에 붙어 있지 아니하면 스스로 열매를 맺을 수 없음같이 너희도 내 안에 있지 아니하면 그러하리라"(요 15:4).

또한 이 신비적 연합은 복음 안에 제시된 모든 특권과 권리들을 실제적으로 누리는 데도 반드시 필요합니다.

"너희는 그리스도의 것이요 그리스도는 하나님의 것이니라"(고전 3:23).

이 연합은 영광에 대한 우리의 모든 소망에도 필수적입니다.

"이 비밀은 너희 안에 계신 그리스도시니 곧 영광의 소망이니라"(골 1:27).

그러므로 만일 이 연합이 깨진다면, 우리의 모든 열매들과 모든 소망들, 우리의 모든 특권들도 단숨에 깨지고 말 것입니다.

5) 효력 있는 연합

그리스도와 성도들 사이에 맺어진 이 신비적 연합은 매우 효력 있는 연합입니다. 왜냐하면 이 연합을 통해서, 그리스도의 생명으로 우리를 소생시키고 그 생명을 우리 안에 보존시키며 유지시키고자 하시는 하나님의 능력이 우리 영혼에 전달되기 때문입니다.

우리 영혼을 그리스도에게 연합시키는 일은 성령의 효과적인 역사로 일어나는데, 이런 연합이 없으면 그리스도의 생명이 절대 우리에게 전달될 수 없습니다. 사도 바울은 이렇게 말합니다.

"그에게서 온몸이 각 마디를 통하여 도움을 받음으로 연결되고 결합되어 각 지체의 분량대로 역사하여 그 몸을 자라게 하며 사랑 안에서 스스로 세우느니라"(엡 4:16).

이 구절에서 '역사하다'라는 의미로 사용된 헬라어 '에네르게이아'는 '모든 지체 안에 생명을 공급해 주는 성령의 효과적인 역사'를 가리킵니다. 이런 관점에서 이 구절을 해석해 보면, 사도는 새 생명의 첫 번째 발현, 즉 신령한 생명이 죄로 인해 죽어 있던 우리 영혼에 퍼져 있음을 전제할 뿐 아니라, 그리스도와의 연합이 그 생명을 처음 만들어 낼 때도 필요했지만 그 생명을 유지하는 데도 동일하게 필요하다고 말하는 셈입니다.

사실 자주 시험에 빠지고 부패한 본성에 사로잡히는 우리 때문에 우리 안에 주어진 새 생명은 심각한 상처를 많이 입습니다. 그럼에도 불구하고 우리 안에 주어진 새 생명이 소멸되지 않는 이유는 무엇입니까? 그리스도께서 그 이유를 친히 말씀해 주셨습니다.

"이는 내가 살아 있고 너희도 살아 있겠음이라"(요 14:19).

즉, "뿌리인 나에게 생명을 주는 수액이 있는 한, 나에게 붙어 있는 가지인 너희는 결코 고사하지 않을 것이다"라고 말씀하시는 것과 같습니다.

6) 불변하는 연합

그리스도와 성도들 사이에는 영원한 유대가 형성됩니다. 이 점에 있어서 그리스도와 성도들의 신비적 연합은 다른 모든 연합을 능가합니다.

사망은 남편과 아내 사이에 형성되어 있는 친밀한 연합을 파괴합니다. 사망은 친구와 친구 사이에 형성되어 있는 긴밀한 연합도 파괴합니다. 뿐만 아니라 사망은 영혼과 몸의 연합도 파괴합니다. 그러나 이처럼 강력한 사망도 어떻게 할 수 없는 연합이 있습니다. 그것은 바로 그리스도와 성도들 사이에 형성되어 있는 연합입니다. 그리스도와 성도들 사이에 이루어진 이 연합은 무덤에 들어가도 결코 깨어지지 않습니다.

로마서 8장 35절에서 사도 바울은 다음과 같이 묻습니다.

"누가 우리를 그리스도의 사랑에서 끊으리요?"

바울은 자신을 대적하는 모든 것들도 그리스도의 사랑으로부터 자신을 끊을 수 없다고 말하면서, 이 연합의 견고함이 그것을 위협하는 모든 위험을 능히 이겨 낸다고 자랑합니다.

그리스도는 인성과 신성의 위격적 연합(hypostatical union) 속에 계셨는데, 이것은 우리가 그리스도와 더불어 신비적 연합 속에 있는 것과 비슷한 데가 있습니다.

그리스도께서 십자가에서 죽으시고 무덤에 묻히셨을 때에도 인성과 신성의 연합은 깨어지지 않았습니다. 물론 예수님의 영혼과 몸의 자연적인 연합은 파괴되었지만, 그때도 인성과 신성의 위격적 연합은 파괴되지 않았습니다. 마찬가지로 그리스도에게 우리의 영혼과 몸이 연합되어 있는 이 신비적 연합도 사망에 의해서 파괴될 수 없습니다.

우리가 죽는 순간 우리와 우리의 가장 소중한 사람들 사이에 맺어져 있던 연합은 파괴될 것입니다. 한 걸음 더 나아가 우리의 영혼과 몸의 연합도 파괴될 것입니다. 그러나 그리스도와 우리 사이에 이루어진 이 신비적 연합은 파괴되지 않습니다. 그래서 아브라함이 죽어 한 줌 흙으로 돌아간 후 오랜 세월이 흐른 다음에도 하나님께서는 자신을 '아브라함의 하나님'이라고 부르신 것입니다.

7) 명예로운 연합

사람에게 부여될 수 있는 가장 존귀한 명예는, 또한 사람이면 누구나 가지고 있는 인성에 지금까지 부여된 가장 고귀한 명예는, 인성이 삼위 하나님 가운데 제2위격이신 그리스도와 더불어 위격적 연합을 이룸으로써 실현되었습니다. 그리고 우리 각 개인에게 지금까지 부여된 가장 고귀한 명예는, 그리스도와 더불어 신비적인 연합을 이룸으로써 실현되었습니다.

그리스도의 종이 된다는 것은 이 세상에서 고관대작으로 출세하는 것보다 무한히 더 존귀한 일입니다. 하물며 그리스도의 지체가 된다는 것은 얼마나 더 존귀한 일이겠습니까? 그 영광을 어디에 비교할 수 있겠습니까? 그런데 놀라지 마십시오. 모든 성도들이 이 놀라운 영광을 다 누립니다.

"우리는 그 몸의 지체임이라"(엡 5:30).

8) 위로를 주는 연합

그리스도와 성도들 사이에 형성되어 있는 신비적 연합은 매우 큰 위로를 주는 연합입니다. 이 연합은 우리가 살아 있을 때나 우리가 죽을 때나 모든 견고한 위로의 토대가 됩니다. 그리스도와 더불어 신비적인 연합을 이루고 있는 성도들은 그 어떤 환난이나 결핍이나 곤경 속에서도 이 연합 안에서 풍성한 위로와 도움을 발견하게 됩니다. 그들은 다음과 같이 생각합니다. "그리스도는 내 것이고 나도 그리스도의 것이다." 그리고 이런 생각을 통해서 흔들리지 않는 위로를 얻습니다.

구속을 받은 성도가 이런 연합으로부터 어찌 도움을 얻지 못하겠습니까? 그들은 이런 연합을 토대로 다음과 같이 생각하게 됩니다.

"나는 그리스도의 것이므로, 그리스도께서는 나를 보살펴 주실 것이다. 그렇다. 나는 그리스도의 소유이니 그리스도께서는 당연히 나를 보살펴 주실 것이다. 또한 그리스도는 내 머리이시다. 자기 자신의 지체의 안전과 복지를 책임지는 것은 그의 임무이다(엡 1:22,23 참고). 그리스도께서는 자기 자신의 지체들에게 생명을 공급해 주신다는 점에서 그들의 머리이실 뿐만 아니라 다른 모든 피조물들을 통치하신다는 점에서 다른 모든 피조물들의 머리이시기도 하다."

이처럼 그리스도와 우리 사이에 맺어진 신비적 연합을 통해서 얻게 되는 위로 때문에 우리는 그 어떤 역경 속에서도 정말 편안하게 그리스도를 의지하며 안식을 누릴 수 있습니다. 언제든지 또 모든 난관 속에서 우리는 그렇게 할 수 있습니다.

9) 열매 맺는 연합

그리스도와 성도들 사이에 형성되어 있는 신비적 연합은 열매를 많이 맺는 연합입니다. 사실 이 신비적 연합의 직접적인 목적은 열매를 맺는 것입니다. 성경은 우리가 그리스도와 혼인한 목적을 다음과 같이 말합니다.

"그러므로 내 형제들아, 너희도 그리스도의 몸으로 말미암아 율법에 대하여 죽임을 당하였으니 이는 다른 이 곧 죽은 자 가운데서 살아나신 이에게 가서 우리가 하나님을 위하여 열매를 맺게 하려 함이라"(롬 7:4).

그리스도께 접붙임 받기 전에 우리가 맺었던 모든 열매들은 차라리 없는 것보다 못합니다. 그리스도 안에 들어오기 이전에 사람이 행한 모든 일은 복음적으로 선한 일이 될 수 없고 하나님께 열납될 수도 없기 때문입니다. 에베소서 1장 6절은 그 이유를 우리에게 알려 줍니다.

"이는 그의 사랑하시는 자 안에서 우리를 받아들이심으로 그 은혜의 영광을 찬미하게 하려 하심이라"(흠정역 직역).

그렇습니다. 하나님께서는 우리가 하나님의 사랑하시는 아들 안에 있을 때에만 우리를 기뻐하시고 우리의 열매를 기쁘게 받아 주십니다. 그리고 그리스도는 열매를 많이 맺는 뿌리이시며, 자기 안에 거하는 모든 가지들로 하여금 열매를 많이 맺도록 만드십니다.

"나는 포도나무요 너희는 가지라. 그가 내 안에, 내가 그 안에 거하면 사람이 열매를 많이 맺나니"(요 15:5).

10) 풍성한 연합

그리스도와 성도들 사이에 형성되어 있는 신비적 연합은 풍성하게 만드는 연합입니다. 우리가 그리스도의 인격에 연합하게 되면, 우리는 그 즉시 그리스도의 모든 풍요를 소유하게 됩니다.

"너희는 하나님으로부터 나서 그리스도 예수 안에 있고 예수는 하나님으로부터 나와서 우리에게 지혜와 의로움과 거룩함과 구원함이 되셨으니"(고전 1:30).

이 연합 때문에, 믿음의 팔이 약한 사람들도 얼마나 부요하고도 위대하신 분을 붙잡고 포옹하게 되는지요!

"다 너희의 것이요"(고전 3:22).

그리스도에게 있는 모든 것들은 우리에게 전달됨으로써 우리의 것이 되든지, 아니면 우리를 위해 사용됨으로써 우리의 것이 됩니다.

이 연합 때문에 그리스도의 아버지는 곧 우리의 아버지가 됩니다.

"내 아버지 곧 너희 아버지, 내 하나님 곧 너희 하나님"(요 20:17).

이 연합 때문에 그리스도의 모든 약속도 우리의 것이 됩니다.

"하나님의 약속은 얼마든지 그리스도 안에서 예가 되니"(고후 1:20).

이 연합 때문에 그리스도의 모든 섭리도 우리를 위한 것이 됩니다.

"우리가 알거니와 하나님을 사랑하는 자 곧 그의 뜻대로 부르심을 입은 자들에게는 모든 것이 합력하여 선을 이루느니라"(롬 8:28).

이 연합 때문에 그리스도의 영광도 우리의 것이 됩니다.

"아버지여 내게 주신 자도 나 있는 곳에 나와 함께 있어 아버지께서 창세전부터 나를 사랑하시므로 내게 주신 나의 영광을 그들로 보게 하시기를 원하옵나이다"(요 17:24).

이 모든 것들이 우리의 것이 되는 까닭은 우리가 그리스도와 더불어 연합을 이루었기 때문입니다.

4. 적용

자, 지금까지 그리스도와 성도들 사이에 맺어진 신비적 연합의 특징을 살펴보았습니다. 그렇다면 이 연합의 교리를 우리의 삶에 어떻게 적용할 수 있을까요?

1) 성도로서의 존귀함을 인식하라

그리스도와 성도들 사이에 이런 연합이 존재한다면, 하나님께서 성도들에게 부여해 주신 존엄함은 얼마나 탁월한 것이겠습니까! 옛날에 콘스탄틴(Constantine) 대제는 제국의 황제가 되는 명예보다 교회의 회원이 되는 명예를 더 낫게 여겼는데, 그것은 참으로 당연한 일이었습니다. 실로 교회의 회원이 된다는 것은 세속적인 모든 존엄함과 명예보다 더욱 탁월할 뿐만 아니라 어떤 측면에서는 하나님께서 영광의 천사들에게 부여해 주신 영예보다 더욱더 탁월합니다.

천사들은 참으로 존엄한 존재들입니다. 왜냐하면 그들은 피조물 가운데 가장 고등한 존재이며 하늘에서 하나님의 얼굴을 항상 대면하는 영예를 누리고 있기 때문입니다. 그럼에도 불구하고 이 신비적 연합에 있어서만큼은 성도들이 천사들보다 훨씬 더 낫습니다. 왜냐하면 성도들은 그들의 머리이신 그리스도와 더불어 신비적 연합을 이루고 있으며 그것을 통하여 신령한 생명을 받아 그들의 영혼이 소생케 되지만, 천사들에게는 이와 같은 신령한 생명이 없기 때문입니다.

물론 에베소서 1장 10절 말씀처럼, 장차 '아나케팔라이오시스(통일)'가 이루어질 것입니다. 즉, 하늘에 있는 것들이나 땅에 있는 것들이 모두 그리스도를 머리로 삼아 그 아래 함께 모이게 될 것입니다.

"하늘에 있는 것이나 땅에 있는 것이 다 그리스도 안에서 통일되게 하려 하심이라."

그리스도는 성도들의 머리이실 뿐만 아니라 천사들의 머리이기도 합니다. 그러나 그리스도는 각각 다른 의미에서 그들의 머리가 되십니다. 천사들에게 그리스도는 통치하고 지배하는 머리이지만, 성도들에게 그리스도는 통치하는 머리인 동시에 생명을 불어넣어 주는 머리이십니다.

천사들은 그리스도의 매우 중요하고도 영광스러운 신하들입니다. 그러나 그들은 그리스도의 신비적 몸을 구성하는 지체들이 아닙니다. 천사들은 그리스도의 나라를 받들어 섬기는 봉신들과 귀족들입니다. 반면에 성도들은 그리스도의 품에 안겨 있는 사랑스러운 배우자요 아내입니다. 바로 이것 때문에 성도는 가장 위대한 천사보다도 더 존귀한 존재인 것입니다.

마치 귀족들이 왕비를 받들어 섬기는 일을 자신들의 특권과 영광으로 간주하듯이, 영광스러운 천사들도 성도들을 섬기는 일을 자신들의 특권과 영광으로 간주합니다. 왜냐하면 천사들은 이처럼 영광스러운 직무를 수행하도록 부르심을 받았기 때문입니다. 즉, 장차 구원을 상속받게 될 성도들의 유익을 도모하는 섬기는 영으로 부르심을 받았기 때문입니다.

"모든 천사들은 부리는 영으로서 구원받을 상속자들을 위하여 섬기라고 보내심이 아니냐?"(히 1:14)

아무리 높은 지위에 있는 하인일지라도 하인은 주인의 상속자를 예우하며 섬기는 일을 경멸할 수 없습니다.

성도들은 하늘의 상속자입니다. 그런데 이 세상 사람들은 늘 외모로 사람을 평가하기 때문에 성도들의 놀라운 존귀함을 전혀 알지 못합니다. 만일 성도들 가운데 어떤 사람들이 이 세상의 고관들을 불쑥 찾아간다면, 오만한 고관들은 눈살을 찌푸리며 만나 주지도 않을 것입니다.

그러나 하나님께서는 자기에게 나아오는 모든 성도들을 기쁘게 맞아 주시고, 그들을 자신의 면전에 두실 것이며, 천사들도 기쁨으로 그들을 수종들 것입니다. 그러므로 이 연합을 통해서 하나님께서 성도들을 얼마나 존귀하게 하셨는지를 깊이 생각하십시오.

2) 불멸의 은혜를 기억하라

그리스도와 성도들 사이에 이처럼 순전하고도 영구적인 연합이 형성되어 있다면, 성도들의 은혜는 절대 완전히 실패하지 않을 것입니다. 불멸은 은혜의 특권입니다. 왜냐하면 그리스도로 말미암아 거룩하게 된 사람들은 생명의 근원이신 그리스도와 불가분적으로 연합되어 있기 때문입니다.

"너희 생명이 그리스도와 함께 하나님 안에 감추어졌음이라"(골 3:3).

나무의 생명력을 유지시켜 주는 수액이 뿌리에 있는 한, 나무의 가지는 그 수액을 흡수하여 살아가게 되어 있습니다. 그리스도와 성도들의 관계도 이와 같습니다.

"이는 내가 살아 있고 너희도 살아 있겠음이라"(요 14:19).

예수님의 이 말씀을 잘 보십시오. 그리스도께서는 성도들의 생명을 자기 자신의 생명과 하나로 묶어서 말씀하십니다. 이 얼마나 놀라운 말씀입니까! 이 말씀을 통하여 그리스도께서는 자신이 결코 죽을 수 없는 것처럼 성도들 역시 결코 죽을 수 없다는 사실을 명백하게 보여 주십니다. 즉, 성도들이 없으면 그리스도도 사실 수 없다고 말씀하신 것이나 마찬가지입니다. 이 얼마나 놀라운 말씀입니까!

물론 성도들의 영적인 생명은 때때로 강력하고도 격렬한 많은 저항에 부딪히게 됩니다. 이것은 부인할 수 없는 사실입니다. 또한 어떤 성도들의 경우에는 영적인 생명이 쇠퇴기에 머물러 있기도 합니다. 그러나 우리가 항상 기억해야 할 사실이 있습니다. 영적인 생명의 존재 자체를 결정짓는 영적인 생명의 본질에 해당되는 것들이 있고, 영적인 생명의 행복에만 해당하는 것들이 있다는 것입니다.

새로운 피조물의 행복과 관련된 모든 것들, 예를 들어 그리스도의 임재를 경험하는 것, 기쁨, 영적인 위로 등은 우리가 그리스도와 연합되어 있음에도 불구하고 크게 손실되거나 감소될 수도 있습니다. 그러나 영적인 생명의 본질에 해당하는 것들은 불사불멸합니다.

이 사실은 경건한 사람들에게 큰 위로가 됩니다. 아모스 8장 11절에 경고된 것처럼, 은혜의 방편조차 아무런 유익을 주지 않을 때에도, 바람 부는 날에 메마른 나뭇잎이 나무에서 떨어져 나가듯이 일시적이고도 형식적인 신앙고백자들이 그리스도로부터 떨어져 나갈 때에도(딤후 2:18 참고), 사람들의 영혼과 몸의 자연적인 연합이 사망으로 말미암아 해체될 때에도, 이와 같은 은줄이 풀어질 때에도 그리스도와 성도들을 묶고 있는 금줄은 단단히 묶여 있을 것입니다. 이 말씀을 깊이 생각하십시오.

"너희는 그리스도의 것이요 그리스도는 하나님의 것이니라"(고전 3:23).

3) 성도를 사랑하라

그리스도와 성도들 사이에 형성되어 있는 연합이 말할 수 없이 친밀한 연합이라는 것을 생각할 때, 넉넉한 손길과 후한 마음으로 경건한 모든 성도들의 궁핍과 필요를 덜어 주어야 하겠다는 마음이 절로 들지 않습니까? 이 연합은 우리에게 그런 마음을 심어 주는 위대하고도 강력한 동기가 아닙니까! 다른 성도들을 도와주는 것이 곧 그리스도를 돕는 일인데 어느 누가 그 일을 기쁨으로 감당하지 않겠습니까?

물론 그리스도는 우리의 동정이나 도움을 받아야 할 대상이 아닙니다. 왜냐하면 그분은 영광 중에 있는 모든 부요함의 근원이시기 때문입니다.

"그가 곧 모든 하늘 위에 오르신 자니 이는 만물을 충만하게 하려 하심이라"(엡 4:10).

그러나 그리스도의 지체들이 궁핍하고 핍절한 상태에 있을 때, 그리스도 자신도 궁핍과 핍절에 노출됩니다. 즉, 그리스도는 자신의 몸 된 교회와 함께 배고프며 목마르며 추위에 떨며 고통을 당하십니다. 또한 그리스도의 몸 된 교회들이 소생하고 위로를 누리면, 그리스도 자신도 새 힘을 얻고 기운을 차리며 위로를 누리십니다. 이런 점에서 볼 때, 그리스도께서는 하늘과 땅의 주재(主宰)이시지만 때로는 빈털터리가 되기도 하십니다.

마태복음 25장을 읽어 보십시오. 거기에서 그리스도는 무엇이 자신의 궁핍과 가난인지, 또 그것이 어떻게 해결되는지를 말씀하셨습니다. 그러나 이 말씀의 의미를 이해하는 사람은 소수에 불과합니다.

"내가 주릴 때에 너희가 먹을 것을 주었고 목마를 때에 마시게 하였고 나그네 되었을 때에 영접하였고 헐벗었을 때에 옷을 입혔고 병들었을 때에 돌보았고 옥에 갇혔을 때에 와서 보았느니라. 이에 의인들이 대답하여 이르되 주여 우리가 어느 때에 주께서 주리신 것을 보고 음식을 대접하였으며 목마르신 것을 보고 마시게 하였나이까? 어느 때에 나그네 되신 것을 보고 영접하였으며 헐벗으신 것을 보고 옷 입혔나이까? 어느 때에 병드신 것이나 옥에 갇히신 것을 보고 가서 뵈었나이까 하리니, 임금이 대답하여 이르시되 내가 진실로 너희에게 이르노니 너희가 여기 내 형제 중에 지극히 작은 자 하나에게 한 것이 곧 내게 한 것이니라 하시고"(마 25:35-40).

이 구절과 관련하여 어떤 위대한 신학자는 다음과 같은 말을 남겼습니다. "내가 생각하기로는 이 땅에 사는 사람들 가운데 이 말씀의 의미를 온전히 이해하고 이 말씀의 진리를 온전히 믿는 사람은 거의 없다. 이것은 의인들이 그리스도의 칭찬에 놀라면서 답변하는 말을 보면 충분히 짐작할 수 있다. 그리스도의 칭찬을 들은 의인들이 무엇이라고 대답했는가?

'주여 우리가 어느 때에 주께서 주리신 것을 보고 음식을 대접하였으며 목마르신 것을 보고 마시게 하였나이까? 어느 때에 나그네 되신 것을 보고 영접하였으며 헐벗으신 것을 보고 옷 입혔나이까? 어느 때에 병드신 것이나 옥에 갇히신 것을 보고 가서 뵈었나이까?' 이것이 의인들의 대답이었다. 질문 형식으로 된 의인들의 답변은, 자신들이 도움을 베풀어 주었던 사람들과 그리스도 사이에 형성되어 있는 친밀함, 아니 하나 됨을 온전히 이해하지 못했다는 사실을 암시해 준다."

궁핍한 그리스도인을 돕고 구제하면 그것이 곧 그리스도 자신을 돕고 구제하는 것이라는 진리를 참으로 믿는 그리스도인은 절대 궁핍한 그리스도인을 향하여 마음을 닫거나 돕지 않을 수 없습니다. 그러므로 이 말씀을 묵상하고 또 묵상하십시오. 궁핍한 그리스도인들을 구제하는 일이 반드시 필요하다는 것을 알려 주는 어떤 강력하고도 힘찬 논거들이 이 말씀 안에 기록되어 있는지를 숙고하십시오.

이 말씀에서 여러분은 궁핍한 그리스도인들이 그리스도와 매우 밀접하게 연결되어 있음을 볼 수 있습니다. 궁핍한 그리스도인들과 그리스도는 한 몸입니다. 그러하기에 여러분이 궁핍한 그리스도인들에게 행하는 모든 일은 곧 그리스도께 직접 행한 일이 됩니다.

또한 이 말씀에서 여러분은 그리스도가 자신에게 베풀어진 모든 친절한 행위를 인정해 주시면서, 심지어는 빵 한 조각을 준 것까지 인정해 주시면서 의인들의 행위를 지극히 자상하게 열납해 주시는 것을 볼 수 있습니다. 사실 그리스도는 자신의 권위로 우리에게 친절한 행위를 명령하실 수도 있고, 우리가 그것을 거절하면 그 즉시 우리의 모든 것을 다 박탈하실 수도 있습니다. 그러나 그리스도는 그렇게 하지 않으십니다. 오히려 그리스도는 우리의 친절한 행위를 호의로 받아 주십니다.

뿐만 아니라 여기에서 우리는 복음 안에서 우리가 행해야 할 여러 가지 순종 중 한 가지, 곧 성도들을 향한 사랑의 행위가 순종의 모든 의무들 가운데 뽑혀서 최후 심판의 날에 우리의 진실함을 입증하는 시금석과 증거로 사용된다는 사실을 알 수 있습니다. 또한 우리가 이 세상을 살 동안 다른 성도들에게 보여 준 사랑의 여부에 따라 최후 심판의 날에 그리스도로부터 칭찬을 받거나 저주를 받게 된다는 사실을 알 수 있습니다.

그러므로 그리스도는 머리이시며 성도들은 그 머리의 지체라는 사실을 아는 사람들, 곧 그리스도와 성도들 사이에 형성되어 있는 이 긴밀한 관계를 아는 사람들이여, 또는 이런 관계 때문에 성도들이 한 몸을 이루는 지체들이 된다는 사실을 아는 사람들, 곧 성도들 사이에 형성되어 있는 이 긴밀한 관계를 아는 사람들이여, 만일 그리스도에게 나누어 드릴 수 있는 빵이 여러분에게 있다면 이제부터는 그리스도께서 굶주리지 않도록 합시다. 만일 그리스도에게 나누어 드릴 수 있는 마실 물이 여러분에게 있다면 이제부터는 그리스도께서 갈증으로 괴로워하지 않도록 합시다.

그리스도와 성도들 사이에 형성되어 있는 이 신비적 연합은 다른 모든 논증들보다 더 강력한 힘으로 우리를 설득하여 성도들을 섬기도록 만들어 줍니다. 사실 자기 백성들을 위하여 하늘의 영광뿐만 아니라 자기 자신의 목숨까지 아낌없이 버리신 그리스도를 위하여 자신이 소유하고 있는 어떤 것을 버리도록 그리스도인을 설득하는 데는 많은 웅변술이나 수사학이 필요하지 않습니다. 적은 말로도 충분할 것입니다.

4) 죄에 대해 애통하라

그리스도와 성도들이 하나의 신비적 몸을 이루고 있습니까? 그렇다면 예수 그리스도를 상하게 만들고 슬프게 만드는 성도들의 불친절한 모든 행동은 얼마나 무정하고 어리석은 행동인지요! 이런 행동은 마치 손이 자신의 생명과 감각의 원천이요 자신의 활동과 힘의 원천이 되는 머리를 쳐서 상처를 입히는 것과 같습니다.

만일 사탄이 사악한 사람들을 배후에서 조종하여 그리스도를 친다면, 그것은 그리스도의 원수들의 손으로 그리스도를 치는 것입니다. 그러나 만일 사탄의 시험이 성도들을 넘어뜨려 그들로 하여금 범죄하게 만든다면, 그것은 그리스도의 손으로 머리이신 그리스도를 치는 것입니다.

어떤 우화에서 화살을 맞은 독수리가 자기 자신의 깃털을 달고 있는 화살이 자신에게 상처를 입혔다고 탄식합니다. 또 그 우화에서 잘려진 나무는 자기에게 달려 있던 큰 가지를 잘라 만든 쐐기로 결국 자신이 잘렸다고 탄식합니다. 그리스도의 몸인 성도들이 자신의 머리이신 그리스도를 거슬러 범죄할 때에 그리스도의 심정도 그와 같을 것입니다.

그런데 성도들의 이런 죄들이 얼마나 악하고도 불성실한 것인지는 그리스도께서 성도들의 머리로서 그들과 맺고 계시는 긴밀한 관계를 보고도 판단할 수 있지만, 성도들이 자신들의 머리이신 그리스도로부터 받는 여러 가지 은택들을 볼 때 좀 더 구체적으로 판단할 수 있습니다. 왜냐하면 성도들이 이런 죄들을 범함으로써 그리스도를 상하게 할 때 거기에는 다음 몇 가지 일이 포함되기 때문입니다.

첫째로, 성도들의 죄는 자기에게 생명을 주는 머리이신 그리스도를 상하게 합니다. 그리스도는 성도들의 생명의 근원이십니다. 그리스도가 아니었더라면, 그들은 여전히 죄와 사망의 상태 아래 매여 있을 것입니다(엡 4:16 참고). 이처럼 그리스도가 우리에게 생명을 주시거늘, 우리는 죄를 범하여 죽음이나 다름없는 것을 그리스도에게 돌려드리다니, 이 얼마나 불합리한 짓입니까! 이 얼마나 불성실한 짓입니까!

둘째로, 성도들의 죄는 자기들을 통치하는 머리이신 그리스도를 상하게 합니다. 그리스도는 성도들에게 생명을 주는 머리이실 뿐만 아니라 성도들을 통치하는 머리이십니다.

"그는 몸인 교회의 머리시라. 그가 근본이시요 죽은 자들 가운데서 먼저 나신 이시니 이는 친히 만물의 으뜸이 되려 하심이요"(골 1:18).

그렇습니다. 그리스도는 여러분의 지혜이십니다. 그러므로 그리스도는 자기 자신의 지혜로 여러분을 영광으로 인도하십니다. 그런데 이처럼 언제나 신실하게 여러분을 인도하시는 그리스도에게 오히려 범죄로 보답하다니요? 여러분의 범죄는 결국 무엇입니까? 그것은 그리스도의 지혜를 따르지 않기로 작정하고, 그리스도보다는 거짓의 아비인 마귀를 믿고 따르기로 작정하면서 그리스도의 통치에 반역하는 것이 아닙니까?

셋째로, 성도들의 죄는 자기들의 모든 형편을 살피시는 머리이신 그리스도를 상하게 합니다. 그리스도께서는 자신의 몸 된 성도들의 행복과 안전을 위하여 모든 마음을 기울이시고 그들의 모든 필요를 채워 주시며 모든 계획을 세우고 진행하십니다.

그리스도인들이여, 여러분들이 잘 아는 바와 같이, 이 땅에서 여러분에게 일어나는 모든 일은 여러분 자신의 지혜를 따라 이루어지는 것이 아닙니다. 그 모든 일은 여러분의 안전과 필요를 위하여 날마다 하늘의 지도를 따라 이루어지고 있습니다.

"여호와여, 내가 알거니와 사람의 길이 자신에게 있지 아니하니 걸음을 지도함이 걷는 자에게 있지 아니하니이다"(렘 10:23).

물론 그리스도는 여러분이 볼 수 없는 곳에 계시기에 여러분은 그리스도를 보지 못합니다. 그러나 그리스도께서는 지금도 여러분을 바라보고 계시며, 여러분에 관한 모든 것을 친히 지시하고 계십니다. 이처럼 여러분을 언제나 진실하게 돌보시는 그분의 은혜를 범죄로 보답하려고 합니까? 여러분의 범죄가 그리스도의 이 모든 은혜에 대한 합당한 보답입니까? 선을 악으로 보답하다니요? 아, 이 얼마나 부끄러운 일입니까! 여러분, 부끄러운 줄 아십시오.

넷째로, 성도들의 죄는 자기들의 영광이 되는 머리이신 그리스도를 상하게 합니다. 여러분의 머리이신 그리스도는 여러분의 영광의 원천이십니다. 그리스도께서 여러분의 머리가 되신다는 사실, 여러분이 그리스도와 신비적 연합을 맺고 있다는 사실 자체가 여러분의 영광입니다. 여러분이 천사들보다 더 존귀한 존재가 되는 것도 바로 이것 때문입니다. 그러므로 여러분이 누리는 모든 영광의 근원이신 그리스도께 아주 작은 불명예를 끼치는 일마저도 얼마나 비열하고 부도덕한 일인지요! 이것을 깊이 숙고하십시오. 아, 이것을 깊이 숙고하고 애통하십시오.

5) 고난과 궁핍 속에서 그리스도를 신뢰하라

그리스도와 성도들 사이에 그토록 순전하고 친밀한 관계가 형성되어 있습니까? 그렇다면 성도들에게는 모든 유익한 것들이 결코 부족하지 않을 것입니다.

모든 사람은 본능적으로 자기 자신의 자녀들을, 특별히 자기 자신의 몸을 정성껏 돌보고 필요를 공급해 줍니다. 그러나 그리스도께서 자기 자신의 신비적 몸을 돌보시고 그 몸의 필요를 공급해 주시는 것에 비하면, 사실 모든 사람은 오히려 본성의 법칙을 어기고 자신의 몸을 학대한다고 말할 수 있습니다. 그러므로 이 연합의 교리로부터 그리스도께서 여러분의 모든 궁핍과 필요를 채워 주실 것이라는 확신을 얻도록 하십시오.

물론 지금 당장 궁핍함 때문에 고통을 당하고 있는데, 사방을 둘러봐도 도와줄 이 하나 없이 그저 막막한데, 오직 약속에만 의지하며 기뻐한다는 것은 어려운 일입니다. 저도 이런 사실을 잘 알고 있습니다. 그러나 아무리 가난한 성도일지라도, 만일 그가 그토록 가난하고 궁핍한 시절에 다음과 같은 사실들을 마음에 지속적으로 묵상한다면, 그는 지극히 감미로운 위로와 만족을 발견하게 될 것입니다.

〈묵상 1〉 내가 겪고 있는 고통과 고난이 아무리 많고 아무리 깊을지라도, 나의 머리이신 그리스도께서는 그 모든 것들을 전부 알고 계신다. 그리스도께서는 나의 가장 사소한 상황까지 다 알고 계신다. 그리스도께서는 내 모든 고통들을 하늘에서 지켜보고 계시며, 내가 그것들을 느끼는 것보다 더 완전하게 그것들을 이해하고 계신다.

"주여, 나의 모든 소원이 주 앞에 있사오며 나의 탄식이 주 앞에 감추이지 아니하나이다"(시 38:9).

〈묵상 2〉 나의 머리이신 그리스도께서는 내 모든 고통들을 아실 뿐만 아니라 그것들을 친히 동정하신다.

"우리에게 있는 대제사장은 우리의 연약함을 동정하지 못하실 이가 아니요"(히 4:15).

내가 고통을 당할 때마다 그리스도께서도 같은 고통을 느끼신다. 그분과 나는 매우 친밀하게 연합되어 있기 때문에 그분께서 나에게 애절한 동정심을 품지 않을 수 없다. 그래서 그분은 이렇게 말씀하신다.

"내가 주릴 때에……목마를 때에……나그네 되었을 때에"(마 25:35).

이렇게 말씀하신 까닭은, 성도들이 곤경에 처할 때마다 그리스도께서는 성도들을 향해 품고 계시는 동정심과 측은지심 때문에 마치 자기 자신이 곤경에 처해 있는 것처럼 신속하게 슬퍼하고 깊이 동정하시기 때문이다.

〈묵상 3〉 그리스도께서는 내 궁핍함을 아시고 동정하실 뿐만 아니라 내 모든 궁핍함을 채워 주기에 충분한, 아니 충분한 정도가 아니라 차고 넘치는 것을 가지고 계신다. 이는 성부 하나님이 모든 것을 그리스도에게 다 주셨기 때문이다(눅 10:22 참고). 하늘과 땅의 모든 보고(寶庫)는 다 그리스도의 것이다.

"나의 하나님이 그리스도 예수 안에서 영광 가운데 그 풍성한 대로 너희 모든 쓸 것을 채우시리라"(빌 4:19).

〈묵상 4〉 그리스도께서는 자기 자신과 원수 되는 사람들에게도 현세적으로 좋은 것들을 많이 주신다. 그래서 불신자들도 그들의 마음이 원하는 것보다 훨씬 더 많은 이익을 얻는 것이다(시 73:7 참고). 이처럼 그리스도께서 외인들을 향해서도 관대하시다면, 어찌 자신의 자녀들을 굶기시고, 자기 자신의 몸처럼 애지중지하는 자녀들을 돌보시지 않으랴? 결코 그렇게 생각할 수 없으며 그런 일은 불가능하다.

〈묵상 5〉 이전에도 나는 여러 번 곤경에 처했다. 그러나 그리스도는 그 어떤 곤경 가운데서도 내가 멸망하도록 방치하지 않으셨다. 그리스도께서 나를 버리신 적이 단 한 번이라도 있었는가? 언제 어디에서 그리스도께서 나를 버리셨던가? 내가 곤경에 처한 것은 이번이 처음이 아니다. 이

전에도 나는 여러 번 곤경에 처했고, 그때마다 그리스도께서 내게 매우 가까이 계시는 하나님이심을 알게 되지 않았는가? 고난의 산에서 그리스도를 얼마나 자주 뵈었던가!

〈묵상 6〉 그리스도께서는 절대 나를 떠나지도 않으실 것이며, 버리지도 않으실 것이라고 약속해 주셨다.

"내가 결코 너희를 버리지 아니하고 너희를 떠나지 아니하리라"(히 13:5).

"내가 너희를 고아와 같이 버려두지 아니하고 너희에게로 오리라"(요 14:18).

앞에서 묵상한 것처럼 그리스도께서는 내 모든 궁핍을 다 아시고 체휼하시며 내 모든 필요를 채우시기에 충분한 것들, 아니 충분할 뿐만 아니라 그 이상으로 넘치는 것들을 소유하고 계신다. 또한 그리스도께서는 자신과 원수 되는 사람들에게도 관대하시며, 지금까지 한 번도 나를 버리신 적이 없고 앞으로도 결코 나를 버리지 않을 것이라고 약속하셨다. 그런데 어찌하여 내 영혼이 내 속에서 낙망한단 말인가? 분명 내 영혼이 내 속에서 낙망할 이유가 하나도 없다.

6) 성도를 향한 박해에 대한 형벌을 기억하라

성도들이 그리스도의 몸이요 그리스도는 성도들의 머리가 됨으로써 서로 긴밀하게 연합되어 있다면, 누구든지 성도들을 해치고 박해하는 것은 얼마나 중한 죄를 범하는 것이며 얼마나 위험한 짓을 자행하는 것입니까! 성도들을 박해하는 것은 곧 그리스도 자신을 박해하는 것이니 말입니다. 그리스도께서는 초대 교회를 박해하던 사울에게 이렇게 말씀하셨습니다.

"사울아, 사울아, 네가 어찌하여 나를 박해하느냐?"(행 9:4)

의로우신 하나님은 아무 죄도 없이 압제를 당하는 사람들을 자신이 반드시 변호해야 한다고 생각하시며, 누가 부탁하지 않아도 늘 그 일을 친히 맡으십니다. 설령 악한 사람이라고 할지라도, 그 사람이 아무 이유 없이 압제를 당하는 한 하나님은 친히 그를 변호해 주십니다.

하물며 그리스도의 지체된 성도들이 아무 죄 없이 압제를 당한다면, 그리스도께서 얼마나 더 확실하게 그들을 변호해 주시겠습니까?

"너희를 범하는 자는 그의 눈동자를 범하는 것이라"(슥 2:8).

"하나님께서는 박해자들에게 쏠 화살을 미리 준비하시느니라"(시 7:13).[1]

그러므로 여러분의 손과 팔을 들어 올려 그리스도의 몸 된 성도들 가운데 가장 가난한 성도들을 핍박함으로써 그리스도 자신을 대적하는 것보다는, 차라리 여러분의 손이 말라비틀어지고 여러분의 팔이 어깨에서 떨어져 나가는 편이 더 나을 것입니다.

여러분, 이 사실을 믿으십시오. 최후 심판의 날에 여러분의 죄과를 낱낱이 밝혀낼 책에는 여러분이 성도들에게 행한 난폭한 행동들뿐만 아니라 여러분이 성도들에게 내뱉은 거친 말들도 모두 기록되어 있습니다. 여러분은 최후 심판의 날에 그 모든 것들에 대해 책임을 지게 될 것입니다.

"이는 뭇 사람을 심판하사 모든 경건하지 않은 자가 경건하지 않게 행한 모든 경건하지 않은 일과 또 경건하지 않은 죄인들이 주를 거슬러 한 모든 완악한 말로 말미암아 그들을 정죄하려 하심이라"(유 15).

활을 쏠 때는 여러분이 어떤 활을 쏘는지 조심하고, 표적을 향해 쏘기 전에 여러분의 표적을 확실히 하십시오.

---

[1] 역자주 – 이 말씀은 흠정역을 그대로 직역한 것입니다. 개역개정 성경에는 "그가 만든 화살은 불화살이로다"라고 번역되어 있지만, 흠정역에는 "he ordaineth his arrows against the persecutors"라고 되어 있습니다.

7) 죽음 앞에서 담대하라

그리스도와 성도들 사이에는 긴밀한 연합이 형성되어 있기 때문에 죽음 앞에서도 성도들은 매우 평안하게 자신의 육체를 떠날 수 있습니다. 우리의 머리이신 그리스도께서는 죽음을 이기고 부활하셨습니다. 그러므로 그의 몸 된 여러분도 죽음에 갇혀 영원히 잃어버린 바 되지 않을 것입니다. 좀 더 정확하게 말하면, 그리스도께서는 죽은 자 가운데서 다시 살아나셨을 뿐만 아니라 잠자는 자들의 첫 열매가 되셨습니다(고전 15:20 참고).

성도들은 그리스도의 몸이며 만물 안에서 만물을 충만케 하시는 자의 충만이기 때문에, 성도들이 없으면 그리스도는 완전하실 수 없습니다. 그러므로 그리스도에게 속해 있는 어떤 지체가 무덤 안에서 멸망한다는 것은 있을 수 없는 일입니다. 그리스도의 어떤 지체가 지옥에 떨어져 불구덩이 속에 버림을 당한다는 것은 더더욱 있을 수 없는 일입니다.

죽음이 여러분에게 다가오고 있음을 느낍니까? 여러분이 그리스도와 맺고 있는 신비적 연합은 결코 해체될 수 없다는 사실을 기억하십시오. 죽음의 고통이 제아무리 크다 해도 여러분이 그리스도와 맺고 있는 이 신비적 연합을 깨뜨릴 수 없다는 사실을 기억하십시오. 그리스도인은 삶을 살아가면서 각별한 탁월함을 누릴 뿐만 아니라 죽음 앞에서도 비범한 도움과 특별한 위로를 누립니다. 그래서 사도 바울은 다음과 같이 고백합니다.

"이는 내게 사는 것이 그리스도니 죽는 것도 유익함이라"(빌 1:21).

8) 그리스도와의 참된 연합에 대하여 확인하라

그리스도와 성도들 사이에 이처럼 긴밀한 연합이 존재하고 있다면, 이런 연합에 필연적으로 수반되는 자연적이고도 합당한 결과들을 시금석으로 삼아 자신이 참으로 그리스도와 연합되어 있는지 그렇지 않은지를 시험해 보고 확인해 보는 일은 모든 사람에게 참으로 중요합니다.

〈시금석 1〉 여러분의 영혼에 그리스도의 거룩하심이 참으로 주어져 있습니까? 이런 뿌리가 없으면 그리스도와 연합할 수 없습니다. 또한 이런 뿌리가 없으면 그리스도로부터 거룩의 수액을 공급받을 수도 없습니다.

그리스도 안에 심긴 모든 사람들은 그리스도의 죽으심과 부활하심을 본받도록 심긴 사람들입니다. 다시 말해서, 그들은 죄에 대해서 죽고 하나님께 대해서 살리심을 받은 사람들입니다.

"만일 우리가 그의 죽으심과 같은 모양으로 연합한 자가 되었으면 또한 그의 부활과 같은 모양으로 연합한 자도 되리라. 우리가 알거니와 우리의 옛사람이 예수와 함께 십자가에 못 박힌 것은 죄의 몸이 죽어 다시는 우리가 죄에게 종 노릇 하지 아니하려 함이니"(롬 6:5,6).

〈시금석 2〉 그리스도를 머리로 삼아 그의 지체로 매우 친밀하게 연합되어 있는 사람들은 자신의 목숨보다 그리스도를 더 사랑하고 존중하지 않을 수 없습니다. 이런 원리는 우리의 신체에서도 찾아볼 수 있습니다. 우리의 머리에 상처를 입힐 수 있는 위협이 다가오면 손과 팔이 급하게 머리를 감싸고 보호하는 것과 같습니다. 그리스도와의 연합이 친밀하면 친밀할수록, 그리스도를 향한 사랑과 존중은 언제나 더 강렬합니다.

〈시금석 3〉 그리스도의 지체 된 사람들은 머리이신 그리스도께 복종하고 그분을 섬기는 사람들입니다. 머리가 통치한다는 사실은 지체들이 복종한다는 사실을 통해서 확인될 수 있습니다. 머리의 통치 아래 있는 지체는 당연히 머리에 복종하는 것입니다.

"교회가 그리스도에게 하듯 아내들도 범사에 자기 남편에게 복종할지니라"(엡 5:24).

따라서 만일 우리가 자신의 뜻대로 행하며 자신의 정욕이 우리를 다스린다면, 우리가 그리스도를 머리로 삼고 그와 연합되어 있다고 아무리 주장해도 소용 없습니다.

〈시금석 4〉 그리스도와 더불어 연합되어 있는 모든 사람들은 하나님을 향하여 열매를 맺습니다.

"그러므로 내 형제들아, 너희도 그리스도의 몸으로 말미암아 율법에 대하여 죽임을 당하였으니 이는 다른 이 곧 죽은 자 가운데서 살아나신 이에게 가서 우리가 하나님을 위하여 열매를 맺게 하려 함이라"(롬 7:4).

우리가 그리스도와 더불어 연합된 목적은 하나님을 위하여 열매를 많이 맺는 것입니다. 그리스도는 열매를 많이 맺게 하는 뿌리이므로 그리스도에게 연합되어 성장하면서도 열매를 맺지 못할 수는 없습니다.

9) 그리스도의 지체다운 삶을 살라

성도들은 자신들이 그리스도와 더불어 친밀하게 연합되어 있다는 사실을 숙고하면서, 자신에게 주어진 모든 은혜를 활용하고 하나님께서 명하신 모든 의무들을 실행하는 가운데 그리스도의 지체답게 행동해야 합니다. 참으로 성도들은 그렇게 행할 의무를 크게 짊어지고 있습니다. 몇 가지 의무만 간단히 말씀드리면 다음과 같습니다.

〈의무 1〉 하나님께서 우리의 현실적인 형편을 어떤 모양으로 정해 주시든지 우리는 우리의 형편에 크게 만족하고 온전히 기뻐해야 합니다. 여러분의 현실적인 형편 때문에 불평하지 마십시오. 하나님께서는 이미 여러분을 후대(厚待)해 주셨습니다. 하나님께서 여러분에게 주신 것들을 헤아려 보십시오. 다른 사람들은 이 세상에 잠시 있다 없어질 것들만 받았을 뿐이지만, 여러분은 그리스도 안에서 하나님 자신을 소유하고 있습니다.

〈의무 2〉 그리스도와 신비적으로 연합된 여러분은 이제 참으로 존귀한 사람이 되었습니다. 그러나 여러분의 심령으로 크게 겸손하고 겸비하게 하십시오. 물론 하나님께서는 이 신비적 연합을 통하여 여러분을 크게 높여 주셨습니다. 그러나 자랑하지 마십시오.

"자랑하지 말라. 자랑할지라도 네가 뿌리를 보전하는 것이 아니요 뿌리가 너를 보전하는 것이니라"(롬 11:18).

그렇습니다. 여러분이 그리스도를 보전하는 것이 아니라, 그리스도께서 여러분을 보전하시는 것입니다. 여러분은 스스로 빛을 내는 것이 아닙니다. 여러분은 단지 그리스도의 빛을 반사하여 빛을 내는 것뿐입니다. 그러므로 겸손하십시오.

〈의무 3〉 그리스도께서 여러분을 이처럼 존귀하게 높이셨으니 마땅히 여러분은 그리스도를 영화롭게 하기 위해 큰 열심을 내어야 합니다. 여러분이 부끄러움을 당해야 그리스도의 영광이 높아질 수 있다면, 부끄러움도 개의치 말도록 하십시오. 언제라도 기꺼운 마음으로 그리스도를 영화롭게 하십시오. 그리스도께 영광을 돌려드려도 아무 소용 없다는 생각은 절대 하지 마십시오. 여러분이 그리스도의 발아래 엎드려 가장 특별하게 마음을 찢으며 죄를 고백할 때에도 이것을 마음의 위안으로 삼으십시오. 곧, 그렇게 죄를 고백함으로써 여러분이 그리스도께 영광을 돌려드리는 것임을 기억하십시오.

〈의무 4〉 여러분은 자신이 누구의 소유이며 이 세상에서 누구를 대리하는 사람인지를 기억하면서 모든 일에 지극히 신중하게 행해야 합니다. 그리스도에게 속한 사람이 불의하고 불경건한 행동 때문에 사람들로부터 비난을 받아서야 되겠습니까? 절대 그런 일이 있어서는 안 됩니다.

"만일 우리가 하나님과 사귐이 있다 하고 어둠에 행하면 거짓말을 하고 진리를 행하지 아니함이거니와"(요일 1:6).

"그의 안에 산다고 하는 자는 그가 행하시는 대로 자기도 행할지니라"(요일 2:6).

〈의무 5〉 여러분 한 사람 한 사람은 지극히 위대한 머리이신 그리스도께 연합되어 있고, 그 연합을 통하여 여러분 모두는 동일한 몸을 구성하는 동료 지체들이 되었습니다. 그러므로 마땅히 서로 더불어 화평하기 위해 전심전력하십시오. 사도 바울은 이렇게 교회의 일치를 호소합니다.

"평안의 매는 줄로 성령이 하나 되게 하신 것을 힘써 지키라. 몸이 하나요 성령도 한 분이시니 이와 같이 너희가 부르심의 한 소망 안에서 부르심을 받았느니라"(엡 4:3,4).

사도 바울이 이렇게 호소하면서 사용한 논증은 이방 사람들에게 결코 알려지지 않은 것입니다. 곧 모든 참된 성도들이 성령이 하나 되게 하신 바를 따라 한 몸을 구성하는 지체들로 연합되어 있으며 한 소망 안에서 부르심을 입었다는 것입니다.

〈의무 6〉 여러분의 영혼이 그리스도와 더불어 이 복된 연합을 이룸으로써 그리스도의 모든 보화와 은혜는 물론, 그리스도 자신도 실제로 여러분의 것이 되었습니다. 그러하기에 여러분은 마땅히 크게 기뻐하고 충만한 위로를 누려야 합니다. 이 복된 연합을 통하여 그리스도는 여러분의 소유가 되었습니다. 여러분의 믿음은 얼마나 연약하고 작은 것입니까! 그러나 그 작고 연약한 믿음의 팔로 여러분이 끌어안는 그리스도는 얼마나 위대하고 영광스러운 분이십니까! 그러므로 예수 그리스도를 인하여 하나님께 감사드리도록 합시다.

옮긴이 **이태복 목사**는 고려대에서 영문학을 전공하고 총신대 신학대학원에서 목회학석사(M.Div) 과정을 수료한 후, 2008년 도미하여 퓨리탄 리폼드 신학교에서 조엘 비키(Joel Beeke) 박사의 지도 아래 청교도 영성에 관한 연구로 신학석사(Th.M) 과정을 마쳤습니다. 특별히 저자는 청교도 신학과 영성에 대한 깊은 애정을 품고 목회 사역을 하는 동안 20여 권에 이르는 청교도 서적을 번역하여 보급하는 일에 힘써 왔습니다. 주요 역서로는 『마음 참된 성도의 마음』, 『상한 심령으로 서라』, 『당신의 거듭남, 확실합니까』, 『돌아오는 배역자』, 『복음의 진수로 나아가라』, 『거룩한 길로 나아가라』, 『십자가 아래서』, 『내가 그리스도와 함께』, 『나를 기념하라』, 『성경적 찬양』 등이 있습니다. 그리고 저서로는 『영성 이렇게 형성하라』가 있습니다.

옥타비우스 윈슬로우 시리즈 2
내가 그리스도와 함께

지은이 | 옥타비우스 윈슬로우
옮긴이 | 이태복

펴낸곳 | 지평서원
펴낸이 | 박명규

펴낸날 | 2009년 3월 5일 초판
　　　　2016년 10월 4일 초판 4쇄

서울 강남구 선릉로107길 15 (역삼동) 지평빌딩 06144
☎ 538-9640,1　Fax. 538-9642
등　록 | 1978. 3. 22. 제 1-129

값 8,500원
ISBN 978-89-86681-85-7-94230
ISBN 978-89-86681-81-9(세트)

메일주소　jipyung@jpbook.kr
홈페이지　www.jpbook.kr
페이스북　www.facebook.com/jipyung
트 위 터　@_jipyung